Ingrid Gässler

Auswahl und Bewertung von Software für operatives

Am Beispiel eines mittleren Unternehmens

Bibliografische Information der Deutschen Nationalbibliothek:

Bibliografische Information der Deutschen Nationalbibliothek: Die Deutsche Bibliothek verzeichnet diese Publikation in der Deutschen Nationalbibliografie; detaillierte bibliografische Daten sind im Internet über http://dnb.d-nb.de/ abrufbar.

Copyright © 1999 Diplomica Verlag GmbH
Druck und Bindung: Books on Demand GmbH, Norderstedt Germany
ISBN: 9783838622583

http://www.diplom.de/e-book/218076/auswahl-und-bewertung-von-software-fuer-operatives-controlling

Ingrid Gässler

Auswahl und Bewertung von Software für operatives Controlling

Am Beispiel eines mittleren Unternehmens

Diplom.de

Ingrid Gässler

Auswahl und Bewertung von Software für operatives Controlling
Am Beispiel eines mittleren Unternehmens

Diplomarbeit
an der Fachhochschule für Wirtschaft Berlin
Fachbereich Wirtschaftsinformatik
Prüfer Prof. Dr. J. Bieber
November 1999 Abgabe

Diplomarbeiten Agentur
Dipl. Kfm. Dipl. Hdl. Björn Bedey
Dipl. Wi.-Ing. Martin Haschke
und Guido Meyer GbR

Hermannstal 119 k
22119 Hamburg

agentur@diplom.de
www.diplom.de

ID 2258

Gässler, Ingrid: Auswahl und Bewertung von Software für operatives Controlling: Am Beispiel eines mittleren Unternehmens / Ingrid Gässler –
Hamburg: Diplomarbeiten Agentur, 2000
Zugl.: Berlin, Fachhochschule für Wirtschaft, Diplom, 1999

Dipl. Kfm. Dipl. Hdl. Björn Bedey, Dipl. Wi.-Ing. Martin Haschke & Guido Meyer GbR
Diplomarbeiten Agentur, http://www.diplom.de, Hamburg
Printed in Germany

Diplomarbeiten Agentur

Wissensquellen gewinnbringend nutzen

Qualität, Praxisrelevanz und Aktualität zeichnen unsere Studien aus. Wir bieten Ihnen im Auftrag unserer Autorinnen und Autoren Wirtschaftsstudien und wissenschaftliche Abschlussarbeiten – Dissertationen, Diplomarbeiten, Magisterarbeiten, Staatsexamensarbeiten und Studienarbeiten zum Kauf. Sie wurden an deutschen Universitäten, Fachhochschulen, Akademien oder vergleichbaren Institutionen der Europäischen Union geschrieben. Der Notendurchschnitt liegt bei 1,5.

Wettbewerbsvorteile verschaffen – Vergleichen Sie den Preis unserer Studien mit den Honoraren externer Berater. Um dieses Wissen selbst zusammenzutragen, müssten Sie viel Zeit und Geld aufbringen.

http://www.diplom.de bietet Ihnen unser vollständiges Lieferprogramm mit mehreren tausend Studien im Internet. Neben dem Online-Katalog und der Online-Suchmaschine für Ihre Recherche steht Ihnen auch eine Online-Bestellfunktion zur Verfügung. Inhaltliche Zusammenfassungen und Inhaltsverzeichnisse zu jeder Studie sind im Internet einsehbar.

Individueller Service – Gerne senden wir Ihnen auch unseren Papierkatalog zu. Bitte fordern Sie Ihr individuelles Exemplar bei uns an. Für Fragen, Anregungen und individuelle Anfragen stehen wir Ihnen gerne zur Verfügung. Wir freuen uns auf eine gute Zusammenarbeit

Ihr Team der *Diplomarbeiten* Agentur

Dipl. Kfm. Dipl. Hdl. Björn Bedey –
Dipl. Wi.-Ing. Martin Haschke ──
und Guido Meyer GbR ─────

Hermannstal 119 k ──────
22119 Hamburg ──────

Fon: 040 / 655 99 20 ─────
Fax: 040 / 655 99 222 ──────

agentur@diplom.de ──────
www.diplom.de ──────

INHALTSVERZEICHNIS

1 Einleitung

Die EDV- technische Umsetzung von betriebswirtschaftlichen Methoden, insbesondere im Bereich Rechnungswesen und Controlling, nimmt einen zunehmend wichtigen Stellenwert ein. Durch den technischen Fortschritt der EDV bei Hard- und Software wurde ein qualitativ höherwertiges Controlling erst möglich. Bei ständig steigender Komplexität und zunehmendem Umfang des Datenmaterials ist operatives Controlling ohne EDV– Unterstützung heute nicht mehr denkbar. Das Controlling soll Informationen schnell und in hoher Qualität bereitstellen, um auf geänderte Bedingungen kurzfristig reagieren zu können. Oft wird in diesem Zusammenhang vom vierten Produktionsfaktor "Information" gesprochen, der die Wettbewerbsposition des Unternehmens nachhaltig stärken kann.

Der Einsatz von EDV- Lösungen im Controlling ermöglicht die Umsetzung eines entscheidungsorientierten Rechnungswesens. Das Interesse an der Schnittstelle Betriebswirtschaft und EDV war auch Motivation für die vorliegende Arbeit.

Der Software- Markt für Controllinganwendungen ist von fehlender Transparenz geprägt. Als Interessent von Controlling- Software trifft man auf eine Reihe von Problemen. Beispielsweise ist eine große Anzahl von Programmen, die unter dem Stichwort Controlling geführt wird nicht den Controllinganwendungen zuzurechnen, denn viele Kostenrechnungssysteme werden als Controlling- Software bezeichnet. Die einzelnen Systeme unterscheiden sich auch hinsichtlich des Funktions- und Leistungsumfangs erheblich, so daß ein Vergleich sehr kompliziert ist.

Ziel der Arbeit ist es, den Prozeß der Auswahl und Bewertung von Software für operatives Controlling an einem konkreten Unternehmen darzustellen. Die Einführung von Software bindet das Unternehmen in der Regel langfristig an den Softwareanbieter. Trotzdem verläuft der Beschaffungsprozeß oft nicht systematisch und rational. Gerade für kleinere und mittlere Unternehmen ist es schwierig eine umfangreiche Marktanalyse durchzuführen. Um dieser weitreichenden Entscheidung Rechnung zu tragen, wird aufgezeigt, wie der Weg der Auswahlentscheidung kontrollierbarer gestaltet werden kann, damit die Software systematisch selektiert werden kann.

1.1 Definition und Funktionen des Controlling

Der Begriff Controlling kann aus dem englischen Wort "control" hergeleitet werden und bedeutet "lenken, steuern, regeln, kontrollieren". Schon aus dieser Übersetzung wird deutlich, daß der Begriff weit mehr umfaßt, als das deutsche Wort "Kontrolle", das mit dem "Controlling" oft verwechselt wird.

In der einschlägigen Literatur gibt es eine Vielzahl von Controllingphilosophien und Controlling- Definitionen mit unterschiedlichen Schwerpunkten.[1] Unter Controlling wird ein Instrumentarium, ein Führungskonzept, ein Aufgabengebiet oder auch ein Informationssystem verstanden.

Zusammenfassend kann Controlling als führungsergänzendes und -unterstützendes System betrachtet werden, das durch die Bereitstellung von Methodiken, Instrumenten und Informationen die Planung, Steuerung und Kontrolle des Unternehmens ermöglicht.[2]

Aus dieser Definition ergeben sich folgende Funktionen des Controlling:

- Informationsversorgung
- Planung
- Steuerung
- Kontrolle.

Diese Funktionen sind eng miteinander verknüpft und beeinflussen sich gegenseitig. Kontrolle bildet die notwendige Ergänzung zur Planung.

- Planung ohne Kontrolle ist sinnlos.
- Kontrolle ohne Planung ist unmöglich.

Im Anschluß an die entsprechenden Abweichungsanalysen der Kontrolle kommt die Aufgabe der Steuerung, die korrigierende Vorgaben ermitteln soll. Die Informationsversorgung hat die Aufgabe, alle für das Controlling benötigten Informationen zu beschaffen und aufzubereiten. Achleitner[3] bezeichnet das Informationssystem als Kernstück des Controlling, da ohne die notwendigen, führungsrelevanten Daten keine der anderen Funktionen ausgeführt werden kann.

---

[1] Vgl. Eschenbach, R./ Niedermayr R.(1996), S. 55 ff.; Huch, B. (1992), S. 15; Lachnit, L. (1992), S. 2 f.
[2] Vgl. Klett; C./ Pivernetz, M. u.a. (1996), S. 11; Klenger, F. (1994), S. 5; Achleitner H./ Hack, R. (1992), S. 3 f; Eschenbach, R. (1995), S. 6; Huch, B. (1992), S. 15f.
[3] Vgl. Achleitner, H./ Hackl. R. (1992), S. 10.

1.2 Vorgehensweise

1.2.1 Marktübersicht

Zu Beginn der Untersuchung wurde zunächst ein Überblick über die angeboten Software für Controlling gewonnen. Für die Informationsbeschaffung wurden unterschiedliche Möglichkeiten wahrgenommen:

Für eine Vorauswahl wurden die Softwarekataloge ISIS- Report der Nomina GmbH[4] und der Softwareführer 98[5] herangezogen. Gerade der ISIS Report, der zweimal jährlich aktualisiert wird, enthält neben umfangreichen Informationen über die angebotene Software auch Angaben über die Hersteller.

Als Informationsquelle diente auch die Ausstellerdatenbank der CeBIT[6], die im Internet abrufbar war, sowie ein Besuch der Messe. Hier konnten erste Kontakte geknüpft werden, Prospekte und Informationsmaterial der Hersteller gesammelt werden. Über einige Produkte konnte auch durch eine Präsentation ein erster Eindruck gewonnen werden.

Als weitere Schritte zum Erhalten einer umfangreichen Marktübersicht wurden Internet- Recherchen durchgeführt und Fachzeitschriften studiert. Auf einer Fachtagung zum Thema "Controlling für Qualifizierungs- und Beschäftigungsgesellschaften" konnte ebenfalls Controlling- Software begutachtet werden.

Von den einzelnen Softwareherstellern wurden unterschiedliche Materialien zur Verfügung gestellt: Prospekte, Demosoftware, Präsentationssoftware, Vertreterbesuche. Einige Hersteller veranstalten auch sogenannte "Roadshows", Informationsveranstaltungen, auf denen sie ihre Produkte interessierten Kunden präsentieren.

Es wurde nur Software in Betracht gezogen, deren Angaben über Unternehmensgröße, Umsatz, Anzahl der Geschäftsbereiche in etwa mit dem untersuchten Unternehmen übereinstimmt. Das Beispielunternehmen wird in Kapitel 4 näher vorgestellt.

1.2.2 Auswahlphase

Die Qualität der Auswahl der Software bestimmt wesentlich den Erfolg der Einführung. Was während der Auswahlphase vergessen oder nicht richtig definiert wurde, kann nur schwer und mit viel Aufwand korrigiert werden.

---

[4] ISIS PC Report, Edition 2-1998.
[5] Softwareführer 98, Profi-Edition, (1997).
[6] http://www.globis.de

Auf Grundlage der formulierten Anforderungen (Kapitel 6) wird ein Kriterienkatalog (Kapitel 7) entwickelt. Er dient als internes Papier der Bewertung der Software-Lösungen. Zur Objektivierung und Rationalisierung der Entscheidung ist es notwendig, die formulierten Anforderungen in einen Kriterienkatalog zu überführen, in dem auch zukünftige Entwicklungen berücksichtigt werden sollten.

Im Anschluß an die Erarbeitung der Kriterien sind Muß- Anforderungen, Soll- Anforderungen und Wunsch- (Kann-) Anforderungen zu erarbeiten sowie die Gewichtung der Anforderungen festzulegen.[7] Die einzelnen Kriterien und deren Gewichtung sind in Kapitel 7 beschrieben.

Grobauswahl
Als nächster Schritt wurde eine Grobauswahl vorgenommen. In dieser Phase des Prozesses soll die Menge der in Frage kommenden Lösungen durch eine Vorauswahl eingeschränkt werden. Kriterien, die den Muß- Anforderungen nicht gerecht werden, können auch als KO- Kriterien bezeichnet werden.[8]

Softwarelösungen, die nachfolgenden Mindestanforderungen nicht entsprachen, wurden von der weiteren Auswahl ausgeschlossen:

- Jahreszahl vierstellig
- Unterstützung bei der EURO- Umstellung und fremdwährungsfähig
- Mehrplatzfähigkeit
- Server: Linux oder Novell Systemsoftware
- Client: Windows- Umgebung (Windows 95/ 98)
- Sprache: deutsch
- Kaufpreis für Netzversion sollte weniger als 50 TDM betragen.

Auswahl potentieller Software- Lösungen
Nach Abschluß der Vorauswahl standen noch 6 Produkte zur Auswahl. Ziel der nächsten Phase war es, diejenigen Anbieter herauszufinden, welche die Sollanforderungen am besten erfüllen. Vor einer weitergehenden Prüfung der Funktionalität der einzelnen Programme wurde zunächst ein Vergleich der Kosten durchgeführt und die anbieterbezogenen Kriterien beurteilt. In dieser Phase wurde auf eine genaue Festlegung der preislichen Rangfolge verzichtet und nur das Preissegment berücksichtigt.

In der Literatur wird empfohlen, die letzte Stufe der Auswahl mit 2-4 Lösungen durchzuführen.[9] Nach Sichtung der zugegangenen Prospekte, Tests der Demoversionen und

---

[7] Vgl. Müller, J. (1991), S. 66.
[8] Vgl. Grupp, B. (1991), S. 125; Grupp, B. (1994), S. 81.
[9] Vgl. Grupp, B. (1994), S. 82; Müller, J. (1991), S. 85.

Softwaredemonstrationen beim Hersteller kamen folgende Produkte, die in Kapitel 5 näher beschrieben werden, in die engere Auswahl:

- COBES von MIS ALEA
- Control It!
- Corporate Planner

Auswahl der geeigneten Software- Lösung

Neben dem bereits genannten Informationsmaterial stellten die Hersteller der Software zeitlich begrenzte Vollversionen und Demoversionen der Software zu Verfügung. Mit dieser Software wurden umfangreiche Praxistests durchgeführt, um die Software zu bewerten. Die Bewertung der Softwarelösungen wird in Kapitel 7 beschrieben.

2   Controlling- Software

Zentrale Aufgabe des Controlling ist die Bereitstellung und Verarbeitung von Daten. Somit kann Controlling- Software als Instrument verstanden werden, welches die Verarbeitung von Informationen zur Planung, Kontrolle und Steuerung eines Unternehmens ermöglicht.[10] Unter EDV-gestütztem Controlling kann die Nutzung des Werkzeuges Computer bei der Erfüllung der Controllingaufgaben verstanden werden.

Genauso schwierig wie eine einheitliche Definition des Begriffes Controlling ist eine Klassifizierung von Controlling- Software. Bei der Recherche wurden unterschiedliche Systematisierungsbegriffe entdeckt, die nachfolgend beschrieben werden.

2.1   Die Informationspyramide

Häufig werden die Informationssysteme nach der Art der von ihnen wahrzunehmenden Aufgaben differenziert. In der Literatur werden folgende Ebenen von Informationssystemen unterschieden:[11]

1. mengenorientierte operative Systeme (Dispositions- und Administrationssysteme)
2. wertorientierte Abrechnungssysteme
3. Berichts- und Kontrollsysteme
4. Analyse- und Informationssysteme
5. Planungs- und Entscheidungssysteme.

Die unten abgebildete Informationspyramide beschreibt diese aufeinanderaufbauenden Informationssysteme von der operativen Ebene bis zu Kontroll-, Planungs- und Entscheidungssystemen.

---

[10] Vgl. Klett, C./ Pivernetz, M, u.a. (1996) S. 11.
[11] Vgl. Scheer A.W., (1990), S.541 f; Fiedler R. (1998), S. 336; Mertens, P. (1995), S. 10 f.

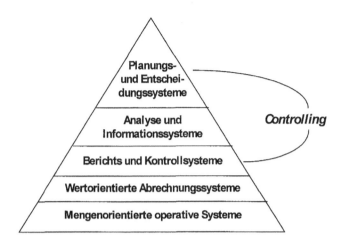

Quelle: Scheer, A.W. (1990), S. 541[12]

Je nach Anwendungsbereich werden unterschiedliche Systeme eingesetzt. Die Datenbasis bilden die mengenmäßigen Administrationssysteme, wie Lagerhaltung, Einkauf, Produktion oder Vertrieb. Sie dienen der Erfassung und Verarbeitung von großen Datenmengen. Werden gut strukturierte betriebliche Abläufe gesteuert, wie etwa die Überwachung von Bestell- und Lagermenge, so wird das DV-System als Dispositionssystem bezeichnet.[13] Die Finanzbuchhaltung, ein wertorientiertes Abrechnungssystem übernimmt die Daten aus den mengenorientierten operativen Systemen und übergibt die Informationen auf die nächst höhere Ebene, den Bericht- und Kontrollsystemen.[14] In dieser dritten Ebene siedelt Scheer das innerbetriebliche Rechnungswesen, sowie das Controlling an.[15] Da Controlling aber weit mehr als die reine Kostenrechnung umfaßt, sind die beiden nächsten Ebenen auch dem Funktionsbereich des Controlling zuzuordnen.

Auf der nächsten Verdichtungsstufe der Analyse- und Informationsebene können auch externe Daten einbezogen werden. Hier sind Management- Informationssysteme (MIS) angesiedelt.

---

[12] Vgl. Scheer A.W., (1990), S. 541; ähnliche Darstellungen sind in Lachnit, L. (1992), S. 13; Biethahn J./ Mucksch, H. u.a.(1994), S. 42; Mertens, P.(1995), S. 6 zu finden.
[13] Vgl. Fiedler R. (1998), S. 335.
[14] Vgl. Scheer, A.W. (1990), S. 6 f.und S. 539.
[15] Vgl. Scheer, A.W. (1990), S. 8, S. 541.

Planungs- und Entscheidungssysteme mit der höchsten Verdichtung unterstützen bei unstrukturierten und ad-hoc- Entscheidungen. Auf dieser Ebene werden in der Literatur Executive Informations- Systeme (EIS), wissensbasierte Systeme und Expertensysteme eingestuft.[16] Mit Planungssystemen sollen schlecht strukturierbare Probleme gelöst werden, wie sie beispielsweise bei Personal-, Gewinn- oder Ergebnisplanung anfallen. Mit ihnen sollen mittel- und langfristige Entscheidungsaufgaben unterstützt werden.[17]

Eine andere Auffassung vertreten Fiedler und Mertens.[18] Sie ordnen Planungs- und Kontrollsysteme einer Ebene zu, da Kontrollsysteme das Gegenstück zu Planungssystemen darstellen. Sie dienen der Überwachung der Pläne.

Die Datenbasis der operativen Systeme bildet die Grundlage für die Systeme der höheren Ebenen, die in der Regel verdichtetere Daten als die unteren Ebenen verwenden. Das bedeutet, daß die höheren Systeme von der Datenbasis abhängig sind, denn nur Daten, die erfaßt sind, können ausgewertet werden. Hierbei ist das GIGO-Prinzip (Garbage In - Garbage Out) zu beachten: Die Qualität der Datenbasis der vorgelagerten Systeme des Rechnungswesens bestimmt im hohem Maße die Qualität der Ergebnisse der Controlling- Software.[19]

Um die relevanten Daten in geeigneter Form darzustellen, ist es notwendig, daß die betrieblichen DV- Systeme integriert sind. Unter Integration versteht man das Verbinden von Teilsystemen zu einem ganzheitlichen betrieblichen Informationssystem.[20] Grundlage der Integration sind gemeinsame Datenbanken, in denen die Basisdaten gespeichert werden.

Integrierte Systeme, wie beispielsweise SAP R/3, decken alle Bereiche eines Unternehmens mit entsprechenden voll integrierten Modulen ab. Es handelt sich um äußerst komplexe Systeme, auf dessen Basis sich der Anwender seine eigene Lösung auswählt, dabei fallen in der Regel hohe Beratungs- und Schulungskosten an.[21]

---

[16] Vgl. Fiedler, R. (1998), S. 363.
[17] Vgl. Biethahn, J./ Mucksch, H., u.a. (1994), S. 42.
[18] Vgl. Fiedler R. (1998), S. 336; Mertens, P./ Griese, J.(1993), S.1 ff.
[19] Vgl. Müller, J. (1991), S. 36.
[20] Vgl. Horvath, P./ Petsch, M. u.a. (1983) S. 43; Biethahn, J./ Mucksch, H., u.a. (1994), S. 74.
[21] Vgl. Tammena, E. (1997), S. 70 ff; Buxmann, P./ König, W. (1997), S. 336f.

2.2   Endbenutzerorientierte Softwaretools

Als weitere bedeutsame Software für Controlling- Aufgaben werden in der Literatur
die folgenden endbenutzerorientierten Softwaretools erwähnt:[22]

Tabellenkalkulationsprogramme wie MS- Excel oder Lotus-123 werden häufig im
Controlling eingesetzt, da sie sehr komfortabel und leicht zu erlernen sind. Die Kalku-
lationsmodule werden ergänzt um grafische Auswertungen, einfache Datenbankfunk-
tionen, diverse Simulationsmöglichkeiten, sowie Funktionen zur Textverarbeitung.
Aufgrund des großen Funktionsumfangs werden sie auch als Multifunktions-
programme bezeichnet. Häufig wiederkehrende Auswertungen können mit Makro-
programmiersprachen automatisiert werden. Klenger[23] sieht den optimalen Einsatz von
Tabellenkalkulation in Verbindung mit Datenbanksystemen. Die Datenhaltung
geschieht sinnvollerweise in Datenbanksystemen, während Auswertungen und
Rechenverfahren in Tabellenkalkulationsprogrammen vorgenommen werden sollten.
Vorgefertigte Standardlösungen (sogenannte templates) für Controllingzwecke werden
insbesondere für kleinere und mittlere Unternehmen angeboten.

Planungssprachen sind im Gegensatz zu Tabellenkalkulationsprogrammen nicht
zellen- sondern zeilenorientiert. Ein weiterer Unterschied ist die Trennung von Daten
und Verarbeitungslogik, so daß auch umfangreichere Anwendungen möglich sind.[24]

Anwendungsunabhängige **Datenbanksysteme** werden im Controlling insbesondere
im Berichtswesen verwendet.[25] Im Bereich Rechnungswesen und Controlling werden
für Analyse- und Planungszwecke bereits vorstrukturierte Datenbanksysteme eingesetzt, die nur noch an die unternehmensspezifischen Strukturen angepaßt werden
müssen, sogenannte **Management- Informationssysteme (MIS)**.[26] Es existiert eine
Vielzahl von Begriffen, die im Zusammenhang mit MIS und Controlling- Software
verwendet werden: Führungsinformationssystem (FIS), Decision- Support- Systeme
(DSS), Management- Support- Systeme (MSS), um nur einige zu nennen.[27] Manage-
ment- Informationssysteme werden vor allem als Planungs-, Analyse- und Steue-
rungsinstrument eingesetzt. Ein besonderes Merkmal von MIS ist, daß sie mit ver-
dichteten Daten arbeiten und für den Führungsprozeß relevante Informationen rechtzeitig und in geeigneter Form zu Verfügung stellen.

---

[22] Vgl. Männel, W/ Warnick B. (1992), S. 97 f; Fiedler, R. (1998), S. 346 f.
[23] Vgl. Klenger, F. (1993), S. 35.
[24] Vgl. Männel, W. (1991), S. 41.
[25] Vgl. Klenger, F. (1994), S. 222.
[26] Vgl. Männel, W/ Warnick B. (1992), S. 99.
[27] Vgl. Klett, C./ Niehörster, N. (1997), S. 1048; Carl, N./ Fiedler, R. (1995), S. 4.

Als Basis für solche Systeme hat sich der Aufbau eines **Data Warehouse** bewährt.[28] Ein Data Warehouse ist eine unternehmenseinheitliche Datenbank, die alle für das Management relevanten Informationen aufnimmt. Die Daten werden themenorientiert und aufgabenbezogen zusammengeführt. Datenquellen sind neben der multidimensionalen Datenbank Dokumente, Bilddaten, externe Daten sowie die Daten der operativen Systeme. Die Datenaufbereitung erfolgt mit Front- End- Tools wie z. B. Tabellenkalkulationsprogrammen oder Management- Informationssystemen (MIS).

Zur Durchführung von Analysen gewähren moderne MIS eine mehrdimensionale Sicht auf die Daten. Dies wird oft mit der **OLAP-** Technologie durchgeführt (Online Analytical Processing). Das OLAP- Konzept wurde 1993 von E. F. Codd entwickelt.[29] Zur Beschreibung der OLAP- Umgebung stellte er 12 Regeln auf, denen ein OLAP System entsprechen muß (Anhang 1). OLAP- Systeme sind besser geeignet, komplexe Fragestellungen abzubilden als relationale Datenbanksysteme. Mit Hilfe von OLAP- Tools lassen sich Gewichtung, Ursachen, Wirkungen und Trends ohne Programmierarbeiten aufzeigen. Der Endbenutzer muß keine spezielle Abfragesprache wie beispielsweise SQL (Structured Query Language), dem Sprachstandard für relationale Datenbanken, beherrschen, sondern kann auf bereits bekannte Endbenutzerwerkzeuge wie MS EXCEL zugreifen. Dadurch wird die Akzeptanz erhöht und Schulungskosten werden eingespart.

Zusammengehörige Informationskomplexe werden in sogenannten Würfeln zusammengefaßt, die wiederum aus unterschiedlichen Dimensionen bestehen. Größen wie Zeit (Jahr, Quartal, Monat), Geografie (Land, Region), Produkt (Gruppe, Artikel), Datenart (Plan, Soll, Ist), Wertgrößen (Erlöse, Kosten) stellen die Dimensionen des multidimensionalen Datenwürfels dar. Die freie Auswahl und Anordnung der Dimensionen erlaubt die Erstellung von Ad- hoc- Berichten.

Typische Darstellungs- und Auswertungstechnik ist das sogenannte "Slice and Dice". Durch Rotation des Datenwürfels und die isolierte Betrachtung von einzelnen Schichten sind beliebige Perspektiven auf das Datenmaterial möglich. Mittels der klassischen Operationen "Drill-Down" bzw. "Drill Up" ist es möglich, die Daten auf unterschiedlichem Detaillierungsgrad und Verdichtungsstufen zu betrachten.

Eine andere Definition von Informationssystemen gliedert sich in die Bestandteile Modellbank, Methodenbank und Datenbank.[30] Modelle sind vereinfachte Abbildungen

---

[28] Vgl. http://www.imis.de (Institut für Managementinformationssysteme e.V.).
[29] Vgl. Jahnke, B./ Groffmann, H.D. u.a. (1996), S. 321.
[30] Vgl. Achleitner H., Hackl. R. (1992), S. 11 ff; Scheer, A.W. (1990), S. 9; Biethahn, J./ Huch, B. (1994) S. 117 ff.

der Realität; in der Modellbank sind Strukturen konkreter betrieblicher Probleme abgebildet. Die Methodenbank beinhaltet Programme und Rechenverfahren zur Lösung betriebswirtschaftlicher Probleme.[31] Oft wird nicht zwischen Methoden- und Modellbank unterschieden, beide Begriffe werden auch synonym benutzt.[32] Die drei Komponenten Datenbank, Methoden- und Modellbank sollen über eine einheitliche Benutzeroberfläche verbunden sein.

Weitere Systeme, die im Zusammenhang mit Controlling genannt werden, sind die Casetools (CASE = Computer-Aided Software-Engineering). Diese Systeme unterstützen sowohl die Software Entwicklung, als auch organisatorische Tätigkeiten. Bereits Vorüberlegungen, die dann zum Funktions- und Datenmodell führen, werden softwareunterstützt dokumentiert. Klenger[33] vertritt die Ansicht, daß kleine Softwaresysteme von Controllern selbst erzeugt werden können. Diese Anwendungen zeichnen sich dadurch aus , daß sie schnell erstellt werden, eher von kurzer Lebensdauer sind und von Fachleuten und nicht DV- Spezialisten erstellt werden. Hierfür empfiehlt er den Einsatz von Casetools, auch um die DV- Arbeitsplätze der Fachabteilungen produktiver zu machen.[34]

3   Voraussetzungen für eine erfolgreiche Auswahl von Controlling- Software

Nachfolgend werden die Bedingungen genannt, welche die Auswahl von Controlling-Software beeinflussen.

Allgemein wird in der Literatur eine aussagefähige Kostenrechnung als Hauptbedingung für ein erfolgreiches Controlling angesehen.[35] Das bedeutet, daß vor der Einführung eines EDV- gestützten Controlling Systemes ein zukunfts-, entscheidungs- und verantwortungsorientiertes Kostenrechnungssystem zu etablieren ist.

Um die gewünschten Erfolge zu erzielen, muß die Geschäftsleitung das Controlling und die Einführung einer Software eindeutig unterstützen.[36] Die Auswahl sollte in enger Abstimmung mit der Unternehmensleitung vorgenommen werden. Neben dem Machtpromotor der Unternehmensleitung ist der Fachpromotor unerläßlich, der idealerweise aus dem Bereich des Controlling kommt.

---

[31] Vgl. Reichmann, T. (1995), S. 529.
[32] Vgl. Scheer, A.W. (1990), S. 395.
[33] Vgl. Klenger, F.(1993), S. 33 ff.
[34] Vgl. Gantenbein, H./ Zanga, R. (1990), S. 84.
[35] Vgl. Müller, J. (1991), S. 39 und 104; vgl. Preißler, P. (1992), S. 261 f.
[36] Vgl. Brenner, W. (1990), S. 19.

Weitere Grundvoraussetzung für den Einsatz von Controlling- Software ist eine entsprechende Hardwareausstattung im Unternehmen, sowie qualifiziertes Personal im
Bereich Controlling und EDV.

In der Literatur wird empfohlen, die Auswahl von Standardsoftware aufgrund seiner
Komplexität nach den Methoden des Projektmanagements als mehrstufigen Prozess
durchzuführen.[37] Aufgrund neuer Informationen und Situationen kann es durchaus
vorkommen, daß einzelne Phasen mehrmals durchlaufen werden müssen. Der ideal-
typische Ablauf wird in folgender Abbildung dargestellt.

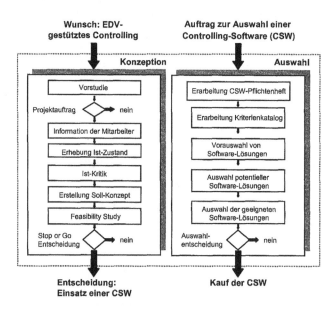

Quelle: Müller, J. (1991), S. 13; eigene Änderungen

Der Auswahl- und Entscheidungsprozeß

Am Beginn der Untersuchung sollte die Konzeptionsphase stehen. Ziel dieser Phase
ist es, eine Vorauswahl aus der angebotenen Software und ein Überblick über deren
Möglichkeiten zu verschaffen, sowie die Auswahl vorzubereiten. Sie dient dazu, Fehl-
investitionen rechtzeitig zu verhindern, und dadurch die Kosten gering zu halten. Dies
kann im Rahmen einer Vorstudie geschehen, in der die Chancen und Möglichkeiten
des Einsatzes von Controlling im Unternehmen aufgezeigt werden.

---

[37] Vgl. Brenner, W. (1990), S. 12; Müller, J. (1991), S. 10; Kirsch, W./ Börsig, C. u.a. (1979), S. 87;
Winkelhofer, G. (1997), S. 41; Gantenbein, H./ Zanga, R. (1990), S. 78.

Wird die Einführung einer Controlling- Software von der Unternehmensleitung gewünscht, ist im Anschluß an die Vorstudie der konkrete Projektauftrag zu erteilen. Darin sollten das Budget, die Terminplanung und die Verantwortlichkeiten festgelegt werden.[38] Um das Vorhaben erfolgreich abwickeln zu können, ist die Vorgehensweise zu planen und die Projektorganisation aufzubauen. Jede EDV- Implementierung führt zu Veränderungen der Organisations- und Personalstruktur. Bei der Planung sollte berücksichtigt werden, daß die Akzeptanz der Software durch eine starke und früh- zeitige Beteiligung der betroffenen Mitarbeiter erheblich erhöht wird.

Voraussetzung für die Realisierung der richtigen Lösung ist die Kenntnis der eigenen Anforderungen. Dazu ist es notwendig, den Istzustand samt seiner Stärken und Schwachstellen zu kennen. Aus den vorhandenen Problemen und Wünschen lassen sich dann die Anforderungen an die geplante neue Software ableiten. Die Erhebung des Ist- Zustandes sollte nicht übersprungen werden, da sich ohne Kenntnisse der vorhandenen Probleme und deren Ursachen die Anforderungen an die neue Software- Lösung nur schwer formulieren lassen.[39] Schwerpunkte der Istaufnahme sollten die Analyse der Aufbau- und Ablauforganisation und der Schnittstellen zwischen den Aufgabenbereichen bilden. Gerade kleinere und mittlere Unternehmen haben oft nicht die Kapazität bzw. das qualifizierte Personal, um die Konzeptions- und Auswahlphase ausführlich durchzuführen. Grupp empfiehlt aus Vereinfachungsgründen, die Soll- Konzeption zeitnah und teilweise parallel mit der Erhebung des Ist- Zustandes zu erstellen.[40]

Auf Grundlage der bisherigen Informationen ist die Realisierbarkeit des EDV- gestützten Controllings zu prüfen. In einer Machbarkeitsstudie sind grobe Lösungs- versuche, Markterkundungen, Personalbedarfsplanung, grobe Aufwandsschätzung und Terminüberlegungen zusammenzufassen.[41] Diese Feasibility Studie sollte die Entscheidungsgrundlage für die Stop-or-Go-Entscheidung liefern. Am Ende der Konzeptionsphase muß die klare Entscheidung der Unternehmensleitung fallen, ob das Projekt weiterverfolgt wird, oder ob zur Zeit die Auswahl und Einführung einer Controlling- Software nicht ratsam ist.

Auf Grundlage der formulierten Anforderungen des Soll- Konzeptes wird ein Pflich- tenheft, sowie ein Kriterienkatalog entwickelt. Während das Pflichtenheft zur Ange- botseinholung bestimmt ist, dient der Kriterienkatalog als internes Papier der

---

[38] Vgl. Grupp, B. (1994), S. 17.
[39] Vgl. Grupp, B. (1994), S. 17.
[40] Vgl. Grupp, B. (1991) , S. 34.
[41] Vgl. Müller, J. (1991), S. 57 ff.

Bewertung der Software- Lösungen. Der weitere Verlauf des Beschaffungsprozesses wurde in Kapitel 1 (Vorgehensweise) beschrieben und wird hier nicht weiter erläutert.

4 Darstellung des Beispielunternehmens

4.1 Lebenslauf und Geschäftstätigkeit

Die Anonymous gGmbH (aus Gründen der Vertraulichkeit so genannt) ist eine gemeinnützige Beschäftigungs- und Qualifizierungsgesellschaft, die 1991 gegründet wurde, um Langzeitarbeitslose und benachteiligte Jugendliche zu beschäftigen und den Umbau, die Modernisierung und Instandsetzung einer evangelischen Kirche durchzuführen. Dieses bisher größte Bauvorhaben wurde 1996 abgeschlossen. Die Kirchengemeinde, der bezirkliche Kirchenkreis und ein gemeinnütziger Verein sind mit gleichen Geschäftsanteilen Gesellschafter.

Ihre Ziele und Aufgaben sieht die Gesellschaft in

- der Durchführung von Fortbildungs-, Beschäftigungs- und Qualifizierungs- maßnahmen,
- der Schaffung neuer Arbeitsplätze durch Erschließung zukunftsträchtiger Berufs- felder,
- der Förderung benachteiligter Jugendlicher durch berufliche Qualifizierung, Ausbil- dung und Umschulung
- der Entwicklung und Realisierung innovativer Projekte in den Bereichen Bau, Ökologie und Kultur,
- der Konzeptentwicklung für eine neue Nutzung von Kirchen und
- dem aktiven Einsatz für eine soziale und bürgernahe Stadtentwicklung.

Die Umsetzung von Beschäftigungs- und Qualifizierungsmaßnahmen begann im Bau- bereich. Die Bautätigkeit konzentriert sich auf den Umbau und die Modernisierung von Kirchen und kommunalen Gebäuden, dabei stehen ökologische Bauweisen im Vorder- grund. Seit 1997 haben sich die Tätigkeitsfelder der Gesellschaft um die Bereiche PC- Recycling, Kulturmanagement, Obdachlosenbetreuung, Beratung für kleine und mitt- lere Unternehmen, Abfallwirtschaft und Stadtentwicklung erweitert.

Am Hauptsitz der Firma sind zur Zeit vier Etagen mit je 500 m² gemietet; zwei Werk- stätten, sowie zwei Etagen mit Büroräumen. Hier sind insgesamt 80 MitarbeiterInnen beschäftigt. Fünf weitere Geschäftssitze befinden sich in den Berliner Bezirken Kreuz- berg , Friedrichshain und Oberschöneweide, sowie in Frankfurt/ Oder.

Viele Tätigkeiten sind auftragsorientiert und haben einen engen Bezug zum Arbeitsmarkt. Die Aufträge dienen der Qualifizierung und Ausbildung der Teilnehmer mit
dem Ziel, die schwervermittelbaren Personengruppen in den allgemeinen Arbeitsmarkt zu integrieren. Die Einnahmen, die als Zweckbetrieb im Sinne des § 65 AO aus
gewerblichen Tätigkeiten erzielt werden, werden zur Förderung der ideellen Zwecke,
vorwiegend zur Bekämpfung der Arbeitslosigkeit, eingesetzt. Im Jahr 1998 erzielte
der Zweckbetrieb Umsatzerlöse in Höhe von zirka 3.150 TDM.

Im Rahmen der Arbeitsmarktförderung erhält die Gesellschaft öffentliche Zuwendungen vom Landesarbeitsamt und dem Land Berlin mit dem Ziel, Dauerarbeitsplätze zu
schaffen und/ oder die Teilnehmer zu beschäftigen und zu qualifizieren, um sie auf
den ersten Arbeitsmarkt vorzubereiten. Die öffentliche Förderung wird als Aufwands-
und als Investitionszuschuss gewährt. Die rechtlichen Rahmenbedingungen des SGB
III (Sozialgesetzbuch) sind zu beachten.

Weitere Zuwendungen werden für die Ausbildung von benachteiligten Jugendlichen
durch die Wohnbezirksämter der Auszubildenden auf Grundlage des SGB VIII/ KJHG
(Sozialgesetzbuch/ Kinder- und Jugendhilfegesetz) gewährt.

Die Europäischen Union fördert aus Mitteln des Europäischen Sozialfonds (ESF) und
des Europäischen Fonds für regionale Entwicklung (EFRE) mehrere Modellvorhaben.

Insgesamt wurde der Betrieb 1998 für die Durchführung von zirka 40 Projekten mit
Zuwendungen in Höhe von 16.700 TDM gefördert, wovon 10.500 TDM für Personalkosten der Langzeitarbeitslosen und benachteiligten Jugendlichen verwendet wurden.

Das Unternehmen ist in den vergangenen zwei Jahren stark expandiert. Die durch-
schnittliche Mitarbeiteranzahl stieg von 148 im Jahr 1997 auf 325 Beschäftigte im
darauffolgenden Jahr.

4.2   Rechtliche Bedingungen

Die Gesellschaft ist eine kleine Kapitalgesellschaft im Sinne des § 267 Abs. 1 HGB.
Der Jahresabschluß wird im Rahmen der gesetzlichen Vorschriften des § 264 ff. HGB
nach den Bestimmungen für große Kapitalgesellschaften aufgestellt. Nach einer
rechtsformunabhängigen Größeneinteilung von Unternehmen des Bundesministeriums
für Wirtschaft[42] ist das Unternehmen nach den Merkmalen Anzahl der Mitarbeiter und
Jahresumsatz als mittleres Unternehmen einzustufen.

---

[42] Vgl. Bundesministerium für Wirtschaft (1993), S. 13.

Die 1991 gegründete Gesellschaft ist eine GmbH sowie steuerlich gemeinnützig anerkannt und dadurch von der Körperschaft-, der Gewerbe- und der Vermögenssteuer befreit. Der Begriff der Gemeinnützigkeit ist im Steuerrecht definiert, und zwar im § 52 der Abgabenordnung (AO). Die Erfüllung der Anforderungen der Gemeinnützigkeit sind von grundlegender Bedeutung für die Sicherung der Unternehmensexistenz. Die Organisation muß ideelle Zwecke verfolgen, das heißt, nicht auf Gewinn ihrer Mitglieder ausgerichtet sein. Die Gemeinnützigkeit setzt auch die Förderung der Allgemeinheit voraus. Werden die Auflagen der Gemeinnützigkeit nicht beachtet, wird das Unternehmen gemäß § 14 AO als wirtschaftlicher Geschäftsbetrieb betrachtet mit der Folge, daß es uneingeschränkt steuerpflichtig wird.

4.3 Vorhandene Informationssysteme

4.3.1 Finanzbuchhaltung und Jahresabschlußanalyse

Die Finanzbuchhaltung wird seit Bestehen des Unternehmens mit Hilfe des Programms "Sage KHK" (derzeit mit der Version Classic Line 2000) von drei MitarbeiterInnen durchgeführt. Als Kontenrahmen liegt der SKR 03 zugrunde. Der Jahresabschluß wird im Unternehmen erstellt und von einer Wirtschaftsprüfungsgesellschaft geprüft. Die Aufstellung der GuV wird nach dem Gesamtkostenverfahren durchgeführt, die Bewertung der Bestandserhöhung erfolgt zu Herstellungskosten.

Die Finanzbuchhaltung ist Grundlage für Kennzahlen, wobei die Besonderheiten des Unternehmens berücksichtigt werden müssen. Da das Unternehmen nicht auf Gewinnstreben ausgerichtet ist, sondern gemeinnützige Ziele verfolgt, sind Kennzahlen über die Wirtschaftlichkeit, die Rentabilität, die Verzinsung des Kapitaleinsatzes und der sogenannte ROI (Return on Investment) nicht von Bedeutung.

Kapitalstruktur
Gemeinsam mit vielen kleineren und mittleren Unternehmen ist die geringe Eigenkapitalquote des Unternehmens, die die Gefahr der Zahlungsunfähigkeit und/ oder Überschuldung birgt. Weiterhin auffallend ist ein hoher Anteil an kurzfristigem Fremdkapital.

Ertragsstruktur
Durch die Expansion des Unternehmens ab Ende 1997 und die Erweiterung der Geschäftsbereiche sind zur Zeit Jahresvergleiche der Ertragsstruktur lediglich für den Teilbereich Bauausführung aussagekräftig. Einen Einblick in die Entwicklung der Finanzstruktur läßt sich durch einen Jahresvergleich ermitteln. Von größerer

Bedeutung für die Analyse der Geschäftsentwicklung sind zur Zeit die Monats- und Quartalswerte.

Aufgrund der sehr individuellen Struktur des Unternehmens sind Betriebsvergleiche sehr problematisch, da es vergleichbare Unternehmen bezüglich der Betriebsgröße, der Geschäftsbereiche oder der Erfolgsrechnungsverfahren kaum gibt.

Produktivität
Die Aufwandsstruktur des Unternehmens bzw. die Bedeutung einzelner Aufwandsarten wird mit nachfolgend genannten Kennzahlen ermittelt. Hierdurch läßt sich die Bedeutung der einzelnen Kostenpositionen im Unternehmen sowie die Veränderungen im Zeitverlauf verdeutlichen.

- Personalintensität: Zur Berechnung werden lediglich die Personalaufwendungen der sogenannten "frei finanzierten" (nicht direkt subventionierten) Personalkosten verwendet. Das Unternehmen ist durch das Tätigkeitsfeld auf dem zweiten Arbeitsmarkt und der zahlreichen Geschäftsfelder im Dienstleistungsbereich äußerst personalinstensiv.
- Materialintensität
- Verwaltungskostenanteil
- Anteil sonstigen Aufwands.

Cash- Flow
Um Rückschlüsse auf den Innenfinanzierungsspielraum des Unternehmes zu ermöglichen, werden die Zahlungsströme des Unternehmens analysiert. Interessant in diesem Zusammenhang ist auch, die Neuverschuldung bzw. die Rückzahlung der Schulden für die betrachtete Periode zu kennen.

4.3.2 Kostenrechnung

Durch den Kauf des Software Moduls "KHK Kostenträgerrechnung" im Jahr 1998 konnte im Januar 1999 mit der Einführung einer Kostenrechnung begonnen werden.

Bis 1998 wurden nur die Kostenarten und Kostenstellen ausgewertet, wobei die Kostenstellen vorwiegend zur Abrechnung der öffentlichen Zuwendungen benutzt wurden. Eine verursachergerechte Zuweisung der Kosten konnte auf diese Weise nicht erfolgen. Die zusätzliche Ebene der Kostenträger erforderte einen geänderten Aufbau der Kostenrechnung.

Die Kostenstellenstruktur bildet die gesamte Organisation ab und ist gegliedert nach Verantwortungsbereichen und den betrieblichen Funktionen. Die funktionale Gliederung der Kostenstellen ist in Anhang 2 abgebildet.

Als Kostenträger werden im Zweckbetrieb bereichsbezogen die einzelnen Aufträge und im ideellen Bereich die geförderten Maßnahmen und Projekte erfasst. Der ideelle Bereich und der Zweckbetrieb werden getrennt betrachtet.

Um Erfahrungswerte zu sammeln, wurde zu Beginn des Jahres 1999 mit einer Istkostenrechnung auf Teilkostenbasis begonnen. Da nur vergangenheitsbezogene Daten zugrundeliegen, ist die ausschließliche Verwendung der Istkostenrechnung für Controllingzwecke ungeeignet.[43] Um eine zukunftsorientierte Kostenrechnung zu etablieren, wurde Mitte des Jahres 1999 die Istkostenrechnung durch eine Plankostenrechnung ergänzt. Auf diese Weise ist eine wirksame Kostenkontrolle als Soll- Ist-Vergleich möglich.

Um dem Prinzip der Kostenverursachung gerecht zu werden und die Proportionalisierung der fixen Kosten zu verhindern wurde die Teilkostenrechnung auf Basis einer einstufigen Deckungsbeitragsrechnung (Direct Costing) gewählt.

Damit die Struktur des Unternehmens mit vielen Aufgabenbereichen im Dienstleistungsbereich dargestellt werden kann und um den relativ hohen Gemein- bzw. Fixkostenanteil angemessen zu berücksichtigen, sollte mittelfristig die Prozeßkostenrechnung eingeführt werden. Mit diesem Kostenrechnungssystem kann auch die Transparenz der Gemeinkostenblöcke gesteigert werden.

Zum jetzigen Zeitpunkt geht es jedoch darum, das eingeführte System zu verfestigen und in allen Bereichen das Kostenbewußtsein zu erhöhen. Die Zielsetzung dieser Arbeit ist nicht die Einführung und Entwicklung eines geeigneten Kostenrechnungs- und Controllingsystems, sondern die Auswahl einer geeigneten Controlling- Software. Da bereits die Entscheidung für die EDV- gestützte Kostenrechnung von "Sage KHK" gefallen ist, wird in dieser Arbeit davon ausgegangen, daß die Ist-Daten aus diesem vorgelagerten System übernommen werden können. Aus diesem Grund finden die vorgelagerten operativen Systeme auch keine Berücksichtigung im Anforderungskatalog. Zur Problematik der Auswahl von Kostenrechnungs- Standardsoftware sei auf entsprechende Literatur verwiesen.[44]

---

[43] Vgl. Fiedler, R. (1998), S. 57.
[44] Vgl. z.B. Männel, W. (1991); Horváth, P./ Petsch, M. u.a. (1983); Klapper R. (1991); Klett, C./ Niehörster, N. (1997).

4.3.3 Liquiditätsplanung

Um die ständige Zahlungsbereitschaft des Unternehmens zu gewährleisten, wird laufend die Liquidität 2. Grades überwacht.

Eine Liquiditätsplanung wird monatlich erstellt unter Berücksichtigung der kurzfristig verfügbaren Mittel (Forderungen und Barmittel) sowie der kurzfristigen Verbindlichkeiten und der Höhe des Kontokorrentkredites. Grundlage sind die prognostizierten Ein- und Auszahlungen.

4.3.4 Berichtswesen

Eine betriebswirtschaftliche Auswertung (BWA), d. h. eine Gegenüberstellung der Aufwendungen und Erträge wird monatlich erstellt. Berichte und Auswertungen der einzelnen Kostenstellen und Kostenträger werden den Verantwortlichen zur Zeit am Ende des Quartals zur Verfügung gestellt. Die Datenhaltung erfolgt in unterschiedlichen Anwendungen, die sich nur unter erheblichem Aufwand zusammenführen lassen. Die zeitliche Abgrenzung und Zuordnung der Aufwendungen und Erträge aus den öffentlichen Zuwendungen wird in EXCEL durchgeführt und ist noch sehr zeitaufwendig, so daß noch keine detaillierten Monatsberichte erstellt werden.

4.3.5 Fördermittelabrechnung

Der Erhalt von öffentlicher Förderung ist an die Einhaltung des Zuwendungsrechts gebunden. Verwendungsnachweise, der geförderten Projekte müssen nach genau festgelegter Form und vorgegebenem Detailierungsgrad vorgelegt werden, die bei den einzelnen Förderungsarten erheblich variieren. Die Einhaltung der haushaltsrechtlichen Anforderungen stellt hohe Ansprüche an das Berichtswesen. Das Abrechnen von öffentlicher Förderung unterliegt kameralen Vorschriften, die teilweise von den betriebswirtschaftlichen Auswertungen abweichen. Es sind detaillierte Nachweise über eingenommene und verwendete Mittel für die einzelnen Projekte zu führen.

Dem kaufmännischen Rechnungswesen ist ein direkter Bezug zwischen dem einzelnen Geschäftsvorfall bzw. der einzelnen Ausgaben und deren Finanzierung auf projektbezogener Ebene fremd. Die Kameralistik erfordert aber genau diesen Nachweis auf hohem Detailierungsniveau.

Neben den betriebswirtschaftlichen Informations- und Steuerungssytemen ist ein weiteres Rechenwerk, die Fördermittelabrechnung über die Einnahmen und Ausgaben vorzulegen. Dabei sind die besonderen Bedingungen der Finanzierungsvoraussetzungen zu beachten, wie etwa Fehlbedarfsfinanzierung oder Anteilsfinan-

zierung. Das betriebswirtschaftliche Berichtswesen, das der internen Informationsversorgung dient, muß durch Zuwendungen der öffentlichen Hand auch externe
Anforderungen erfüllen und ist für externe Überprüfungen transparent zu halten.[45]

4.4 Technische Infrastruktur

Die EDV Struktur im Unternehmen ist nach dem Client- Server- Prinzip aufgebaut.
Die Datenhaltung erfolgt zentral auf dem Server, während die Darstellung und Bear-
beitung der Daten auf den einzelnen Workstations (Clients) erfolgt.

Seit zwei Jahren wird als Netzwerksystem LINUX eingesetzt. Zusätzlich wird im
Bereich Rechnungswesen ein NOVELL- Netzwerk betrieben, da die Finanzbuchhal-
tungssoftware Sage KHK von LINUX nicht unterstützt wird. Die fünf Zweigstellen
sind ebenfalls mit LINUX- Servern und Router für Internet und Intranet ausgestattet.
In der Hauptgeschäftsstelle sind zirka 70 Clients angeschlossen, die mit dem Betriebs-
system MS WINDOWS 95 und WINDOWS 98 betrieben werden.

10 PC- Arbeitsplätze sind zur Erfüllung der betrieblichen Funktionen Finanzbuchhaltung, Kostenrechnung, Lohn- und Gehaltsabrechnung, Fördermittelabrechnung und
Finanzierung mit unterschiedlichen Anwendungen im Einsatz.

Als operatives System wird das Finanzbuchhaltungs- und Kostenträger- Modul der
Software Sage KHK Classic Line 2000 als integrierte Mehrplatzversion eingesetzt.
Weitere integrierte Systeme, wie etwa Auftragsbearbeitung, Materialwirtschaft werden
nicht eingesetzt.

Die Lohn- und Gehaltsbuchhaltung wird mit dem DATEV Programm LODAS im
Unternehmen durchgeführt. Die Datenübertragung wird online mit der Datev Zentrale
in Nürnberg durchgeführt. Die Daten der Lohn- und Gehaltsabrechnung werden
manuell in der KHK Finanzbuchhaltung erfaßt.

Als weitere Software werden spezielle Abrechnungsprogramme für EU- Förderungen
und ein von der Hausbank geliefertes Programm zur Erfassung und zur Online- Über-
tragung von Zahlungaufträgen eingesetzt (Geno Light).

Für das Berichtswesen wird MS Excel Version 97 eingesetzt. Mit Hilfe des Tabellen-
kalkulationsprogrammes werden betriebswirtschaftliche Auswertungen erstellt und die
öffentlichen Zuwendungen abgerechnet. Die Datenhaltung erfolgt in Excel Datenbanken.

---

[45] Vgl. Jauss, R. (1990), S. 242.

4.5 Probleme der eingesetzten Systeme und der Auswahl von Controlling- Software

Daten werden in unterschiedlichen Anwendungen gespeichert und es fehlen funktionierende Schnittstellen. Die Abstimmung der einzelnen Systeme ist sehr personalintensiv. Die Daten lassen sich nur mit erheblichen Aufwand durch nochmaliges Erfassen oder hohem Programmieraufwand zusammenzuführen. Mit Verzögerungen werden die Informationen bereit gestellt. Die Qualität der Informationen ist unbefriedigend, weil der Aufwand der Datensammlung sehr hoch ist, die Daten der unterschiedlichen Systeme nicht abgestimmt sind und somit wenig Zeit für die Analyse bleibt.

Der Einführung der Kostenrechnung und die Festlegung von Verantwortlichkeiten für einzelne Kostenstellen war zu Beginn der Arbeit noch nicht abgeschlossen. Da die Kostenrechnung neben der Finanzbuchhaltung aber eine wesentliche Grundlage für das betriebswirtschaftliche Controlling bildet, gestaltet es sich zum jetzigen Zeitpunkt noch schwierig, eine Controlling- Software auszuwählen.

Die Grundlage für eine reibungslose Einführung eines EDV- gestützten Controlling ist jedoch, daß wesentliche Controlling Instrumente im Unternehmen bereits eingesetzt werden. Während der Aufbau eines Controllingkonzeptes noch nicht abgeschlossen war, wird gleichzeitig an dessen DV- technischer Umsetzung gearbeitet. Es ist aber sinnvoll, daß die betriebswirtschaftliche Konzeption für die Controlling- Aufgaben unabhängig von Tools zu entwickeln sind.[46]

4.6 Besonderheiten mittelständischer Unternehmen

Auf die genaue Definition von "Mittelständischen Unternehmen" und der Abgrenzung zu Klein- bzw. Großunternehmen wird in dieser Arbeit verzichtet und auf die einschlägige Literatur verwiesen.[47] Mit einer durchschnittlichen Beschäftigungszahl von 325 im Jahr 1998 und einem Umsatz von 20 Mio. DM läßt sich der untersuchte Betrieb als mittleres Unternehmen einstufen.

Ausgehend von der Annahme, daß auch Nonprofit-Organisationen in zunehmenden Maße mit ihren Ressourcen effizient umgehen müssen, um nachhaltig die Existenz des Unternehmens zu sichern, ist die Sicherstellung der Wirtschaftlichkeit von zentraler

---

[46] Vgl. Becker, J. (1993), S. 35.
[47] Eine Zusammenfassung und weiterführende Literatur ist zu finden bei: Kosmider, A. (1993), S. 29 ff; Lachnit, L. (1989), S. 16; Bundesminister für Wirtschaft (1993), S. 13;§267 HGB.

Bedeutung, was durch eine einfachere, übersichtlichere und schnellere Bereitstellung von Informationen erreicht werden kann.

Der Einsatz von Controlling- Standardsoftware ist nicht von einer bestimmten Unternehmensgröße oder Branche abhängig.[48] Auch der Entwicklungsstand des Controllingssystems in Unternehmen ist von geringer Bedeutung für den Einsatz von Controlling -Software. Ist das Controlling auf einem niederen Entwicklungsniveau so führt die Einführung einer Software in der Regel zu einer Erhöhung des betriebswirtschaftlichen Know-how in der Unternehmung.[49] Mit wenigen Ausnahmen bleibt die EDV- Nutzung in mittelständischen Betrieben auf operative Bereiche begrenzt .[50] Integrierte Systeme wie SAP R/3 können von kleinen und mittleren Unternehmen mit ihren geringen DV- Budget oft nicht eingesetzt werden.

Der Funktionsumfang der Software sollte den Besonderheiten des Unternehmens angepaßt werden, und die organisatorische, personelle und EDV- technische Struktur berücksichtigen. Durch die Begrenzung der personellen Kapazitäten gibt es im Unternehmen keine Controlling Abteilung. Es erfolgt eine Bündelung mehrerer Funktionen; Controlling- Aufgaben werden vom Bereich Rechnungswesen wahrgenommen.

Eine besondere Schwierigkeit stellt die Komplexität des Beispielunternehmens dar, unterschiedliche Branchen und vielfältige Aufgabengebiete sind zu verknüpfen und operative betriebswirtschaftliche Controlling- Konzepte mit zuwendungsrechtlich bedingter Verwendungsnachweisführung zu kombinieren.

5   Kurzbeschreibung der Produkte

5.1   MIS ALEA/ Projekt COBES

MIS Consulting GmbH, Landwehrstraße 50, 64293 Darmstadt,
Zweigniederlassung: Große Weinmeisterstr. 3a, 14469 Postdam
(Cobes =Controlling in Ausbildungs- und Beschäftigungsgesellschaften)

MIS Alea Decisionware wurde nicht für spezielle Anwendungen entwickelt. Der Hersteller verspricht eine optimale Unterstützung bei der flexiblen Modellierung der Aufgabenstellung. Die Software stellt die Datenbasis aus heterogenen Vorsystemen zur Verfügung, um die Unternehmensdaten für Planung und Analyse zu strukturieren. MIS Alea Decisionware basiert auf dem OLAP- Konzept von E.F. Codds. Mit der Integration in das Standard-Tabellenkalkulationsprogramm MS EXCEL wird dem Anwender

---

[48] Vgl. Niedermayr, R. (1996), S. 158 und S. 169.
[49] Vgl. Müller, J. (1991), S. 7.
[50] Vgl. Lachnit, L. (1989), S. 95.

die gewohnte Benutzeroberfläche mit allen bekannten Funktionen zur Verfügung gestellt. Ein Java basierter Internetbrowser ermöglicht eine vielfältige Nutzung der OLAP- Plattform MIS Alea.

MIS Alea ist eine Basis, um Unternehmensdaten für Planung und Analyse zu strukturieren. Technisch basiert MIS Alea auf der "Real-time" Kalkulation: Kennzahlen und Berechnungen werden erst durchgeführt, wenn sie vom Anwender angefordert werden. Das sorgt nicht nur für permantente Datenkonsistenz, sondern auch für kleine Datenbestände.

Das Produkt COBES wurde von MIS Consulting auf Basis von MIS Alea Decision-ware entwickelt. Neben betriebswirtschaftlichen Standardauswertungen wurde eine teilautomatisierte Fördermittelabrechnung entwickelt. Das System ist bisher bei einem Anwender im Einsatz, so daß COBES nicht als Standardsoftware bezeichnet werden kann. Neben unterschiedlichen Standard- Controlling Funktionen wird das Modul Fördermittelabrechnung individuell entwickelt.

5.2 CONTROL IT!

IntelliCube Software AG, Sachsenring 85, 50677 Köln

Control-It! ist eine OLAP-gestützte Planungs- und Controllinglösung für kleine und mittelständische Unternehmen. Als zugrundeliegende multidimensionale Datenbank wird MIS Alea verwendet, somit ist die MS EXCEL Integration gewährleistet. Es bestehen direkte Datenanbindungen an Sage KHK und Datev. Betriebswirtschaftliche Standardauswertungen werden als Modellvorlagen zur Verfügung gestellt, es können auch eigenständige Modelle entwickelt werden.

Folgende Funktionsbereiche sind innerhalb von Control-It! verfügbar:
- Istwerte aus Vorsystemen können beliebig geordnet und verdichtet werden
- Die Ermittlung von zukünftigen Planwerten kann abgeleitet werden aus Daten der Vergangenheit unter Berücksichtigung von aktuellen Ergebnissen.
- Verschiedenen Analysen und Vergleichsmöglichkeiten, wie Plan- Ist- Abweichungen, Vorjahresvergleiche und Zielerreichungsgrad sind als Standards enthalten.
- Reporting für die Bereiche GuV, Bilanz, Liquidität, Kennzahlen und individuelle Sonderauswertungen stehen zur Verfügung.

5.3 Corporate Planner

CP Corporate Planning, Altonaer Straße 59-61, 20357 Hamburg

Corporate Planner ist ein Controllingprogramm für die Anwendungsgebiete: Planung, Budgetierung, Controlling, Analyse, Berichtswesen, Reporting, Auswertungen und Simulation. Das Programm eignet sich für Unternehmen jeder Größenordnung und Branche. Umfangreiche fertige Lösungen gewährleisten einen sofortigen Start und Einsatz des Systems. Als Zusatzmodul wird Strategic Planner für strategisches Controlling angeboten.

Betriebswirtschaftliche Zusammenhänge können konsistent und integriert dargestellt werden. Durch die Verknüpfung der einzelnen Bereiche ist eine integrierte Planung möglich. Eine Überarbeitung der Umsatzplanung bewirkt in folgenden Bereichen automatische Veränderungen: Betriebsergebnis, Deckungsbeiträge, Liquiditäts-planung, Steuern und Korrektur der Planbilanz.

Corporate Planner wird in unterschiedlichen Versionen angeboten. Der Leistungsum-fang bezüglich der fachlichen Kriterien ist bei allen Systemen gleich. Unterschiede gibt es im zeitlichen Horizont und den Datenebenen. Beim günstigsten und einfach-sten Produkt für kleine Unternehmen stehen nur eine kurzfristige Planung über ein Jahr und drei Datenebenen zur Verfügung. Für das Beispielunternehmen ist jedoch mindestens eine rollierende Zweijahresplanung erforderlich.

Ein Datenimport ist aus beliebigen operativen EDV- Systemen möglich. Corporate Planner ermöglicht einen direkten Zugriff auf unterschiedliche Datenbanksysteme, auch auf MS Access.

6 Anforderungskatalog

6.1 Zielsetzungen für den Einsatz der Controlling- Software

Nachfolgend werden die wesentliche Ziele, die durch den Einsatz von Controlling-Software erreicht werden sollten, zusammengefaßt:[51]

* Verbesserung der Planungs-, Kontroll- und Steuerungsmöglichkeiten
* bessere Transparenz der Organisations- und Unternehmensstruktur
* Entlastung von Routinetätigkeiten zur Informationsbeschaffung, und damit Schaf-fung von Freiräumen für analytische Tätigkeiten im Controlling
* Beseitigung von Schwächen im Arbeitsablauf, beispielsweise Vermeidung von Datenmehrfacheingaben

---

[51] Vgl Carl N./ Fiedler R., u.a. (1995), S. 13; vgl. Klett, C./ Niehörster, N. (1997) S. 1035f.

- Senkung des Verwaltungsaufwandes (Personalaufwandes)
- Verkürzung der Entscheidungszeiten durch zeitnahe Bereitstellung der Daten an die Verantwortlichen
- verbesserte Qualität der Datenbasis und die Darstellung der Informationen
- Aufbau eines ganzheitlichen betrieblichen Informationssystems

Langfristig sollte das Ziel sein, ein Informationsmanagement aufzubauen, das die betrieblichen Informationen aufeinander abgestimmt erfaßt, verarbeitet und aufbewahrt. Alle ergebnis- und informationsrelevanten Daten sollen systemübergreifend zusammengeführt, verglichen, und analysiert werden können.

6.2 Controllingbezogene Anforderungen

Wichtig ist eine bedarfsgerechte Umsetzung der Controlling Funktionen Planung, Steuerung, Kontrolle und Information. Die Funktionalität der Software muß der Struktur des Unternehmens entsprechen. Eine zu große Anzahl an Funktionen und Instrumenten kann dazu führen, daß der Anwender überfordert ist und durch fehlerhaften Einsatz reine "Zahlenfriedhöfe" produziert.[52] Da das Controlling- Konzept im Beispielunternehmen erst etabliert wird, die angestrebte Lösung aber längerfristig Bestand haben sollte, ist es wichtig, die zukünftige Entwicklung mit einzubeziehen, damit auch Controlling- Instrumente, die erst später im Unternehmen eingesetzt werden, von der Software unterstützt werden.[53]

An eine Controlling- Software sind nachfolgend beschriebene fachliche Anforderungen zu stellen:

6.2.1 Planungsmöglichkeiten

Teil der Existenzsicherung eines Unternehmens ist es, die Zukunft rechtzeitig und so realistisch wie möglich abzubilden. Um eine differenzierte Planung in allen wichtigen Funktionsbereichen des Unternehmens durchführen zu können, muß die gesuchte Software komfortable Planungsmöglichkeiten bieten.

Die Anforderungen der Gemeinnützigkeit sind bereits bei der Planung und Budgetierung der Erträge, der Aufwendungen und der verfügbaren Mittel zu beachten und im Sinne des Controlling zu steuern.

---

[52] Vgl. Klett, C./ Niehörster, N. (1997), S. 1031 u. S. 1051; Männel, W. (1992), S. 102.
[53] Vgl. Klapper, R. (1991), S. 0-1.

Eine Controlling- Software sollte die Koordination von Teilplänen und das Zusammenführen in die Unternehmensgesamtplanung, wie Planbilanz und Plan- GuV unterstützen.

Grundlage einer fundierten Erfolgsplanung ist eine Umsatz- und Kostenplanung, die in einem hohen Differenzierungsgrad erfolgen sollte. Breiten Raum nimmt dabei die Kostenplanung ein. Die Software sollte sowohl Einzelfertigung als auch Dienstleistungsunternehmen unterstützen. Die Kostenplanung sollte die Erfassung der Kosten nach Kostenstellen, Kostenträgern, fixen und variablen Kosten ermöglichen. Nach dem Zusammenführen der Kosten- und Umsatzplanung sollten Auswertungen der Produktergebnisse, Kostenstellenergebnisse und des Betriebsergebnisses automatisch erfolgen.

Wichtig ist auch eine rollierende und vom Geschäftsjahr abweichende Planungsmöglichkeit. Um die einzelnen Projekte, Maßnahmen und Aufträge gestalten zu können, sollte die Planung auch auf Monatsebene möglich sein.

6.2.2 Abweichungsanalyse

Soll- Ist Vergleiche und Plan- Soll- Vergleiche sind Grundlage von Steuerung und Kontrolle; sie dienen dem Erkennen und Beseitigen von Engpässen. Durch EDV-Unterstützung wird die rasche Verfolgung der Monatsergebnisse wesentlich erleichtert. Durch eine zeitnahe Übernahme der Ist- Daten und Prüfung der Pläne können sowohl Abweichungsanalysen und die Ermittlung der Ursachen schneller und flexibler durchgeführt, als auch die Korrekturmaßnahmen und Verhaltensänderungen rascher umgesetzt werden.

Beim Soll- Ist Vergleich werden die Abweichungen der Größen wie Umsatzerlöse, Bestandsveränderungen, Materialaufwand, Gesamtkosten, Betriebsergebnis, Finanzergebnis oder Gesamtergebnis periodisch ermittelt.[54] Die daran anschließende Ursachenanalyse dient dazu, Ansatzpunkte zu finden, um Gegensteuerungsmaßnahmen einzuleiten. Aufgabe der Analysefunktionen ist es, die vorhandenen Daten nach verschiedenen Kriterien zu verdichten, um mehr Transparenz zu erreichen. Dazu sollten folgende Funktionen zur Verfügung stehen: Bilanzanalyse/ -vergleich, Erfolgsanalysen und Kennzahlenanalyse.[55]

---

[54] Vgl. Klett, C./ Pivernetz, M. u.a. (1996), S. 213.
[55] Vgl. Carl, N./ Fiedler R., u.a. (1995), S. 46.

Um strukturelle Abweichungen frühzeitig zu erkennen, ist die Betrachtung über mehrere Geschäftsjahre notwendig. Deshalb ist es sinnvoll, historische Daten, auf jeden Fall der letzten sechs Jahre, im Zugriff zu halten.[56]

Die Gesamtabweichungen sollte sich aufspalten lassen in: Mengen-, Preis- und Beschäftigungsabweichung sowie kombinierte Abweichungen.[57]

6.2.3 Erfolgsrechnung

Von großer Bedeutung für das operative Controlling ist eine auftrags- und bereichsbezogene Deckungsbeitragsrechnnung. Aufbauend auf den Daten der Kostenrechnung sollte von der Controlling- Software die Erfolgsrechnung auf unterschiedlichsten organisatorischen Ebenen des Unternehmens verdichtet werden können (Bereich- Kunden- Artikel-Erfolgsrechnung).

Im untersuchten Unternehmen spielt die Erfolgsrechnung besonders im Zweckbetrieb eine Rolle, denn nur in diesem Bereich werden Aufträge abgewickelt. Der weit größere Teil des ideellen Bereiches ist neutral, Erfolg bedeutet hier Kostendeckung durch Erträge aus Zuwendungen.

6.2.4 Kennzahlen

Kennzahlen bilden eine übersichtliche Informationsgrundlage zur Analyse von bestimmten Sachverhalten. Komplexe betriebliche Zusammenhänge können relativ einfach gedeutet werden. Haupteinsatzbereiche sind die Bilanz- und Betriebsanalyse sowie Betriebsvergleiche.[58]

Da die Aussagefähigkeit einzelner Kennzahlen begrenzt ist, werden mehrere Kennzahlen, die in sachlicher und sinnvoller Beziehung zueinander stehen, als Kennzahlensysteme zusammengefaßt. Klassische Beispiele sind das RL- Kennzahlensystem und der ROI- Baum nach Dupont.[59]

Außerdem wird als wichtig erachtet, daß nicht nur Standardkennzahlen bereitgestellt werden, sondern daß Kennzahlen frei definierbar sind. Dazu sollten unterschiedliche Rechenarten und mathematische und statistische Funktionen verfügbar sein.

---

[56] Vgl. Carl, N./ Fiedler R., u.a. (1995), S. 28.
[57] Vgl. Klenger, F. (1994), S. 153; Reichmann, T. (1995), S. 281-288.
[58] Vgl. Reichmann, T. (1995), S. 19 f.
[59] Vgl. Müller, J. (1991), S. 126.

6.2.5 Berichtswesen

Da ohne Informationsversorgung Planung und Kontrolle nicht möglich sind, ist die Informationsdarstellung- und übermittlung von relevanten Daten eine wesentliche Aufgabe des Controllers. Die immer umfangreicher und komplexer werdende Datenbasis muß in ein empfängerorientiertes Berichtswesen verdichtet und aufbereitet werden. Gut aufbereitete und verständliche Berichte tragen erheblich zur Akzeptanz des Controlling- Systems im Unternehmen bei. Deshalb sollte dem Berichtswesen besondere Beachtung zuteil werden.[60]

Die Controlling- Software sollte eine durchgängige DV- Unterstützung für die monatliche Berichterstattung gewährleisten.[61] Sie sollte wesentlich zur Verbesserung der Berichterstattung beitragen. Standardberichte mit vordefinierter Form und Inhalten sollten weitgehend automatisiert erstellt werden. Auch die Erstellung von fallbezogenen Sonderberichten zu speziellen Themen sollte durch den flexiblen Berichtsaufbau des EDV- Systems erheblich vereinfacht werden.

Für die Planungs- und Kontrollaufgaben sind verschiedene verdichtete Berichte von Bedeutung:[62]
* Unternehmens-, Kostenstellen- und Kostenartenberichte
* Verdichtung nach Verantwortungsbereichen
* zeitliche Verdichtung

Für die unterschiedlichen Arten und Empfänger der Berichte sollten auch unterschiedliche Darstellungsformen gewählt werden, die automatisch angepaßt und beschriftet werden sollten:[63] Tabellen, Schaubilder (Grafiken, Diagramme), Kennzahlen und Erläuterungen.

6.2.6 Fördermittelabrechnung

Aufgrund der besonderen Finanzierungsform des Beipielunternehmens ist neben der Finanzbuchhaltung und Kostenrechnung als weiteres Rechensystem die Fördermittelabrechnung zu integrieren. Um den Verwaltungsaufwand zu senken und redundante Datenhaltung zu vermeiden, sollte eine einheitliche Datenbasis in allen drei Systemen verwendet werden.

---

[60] Vgl. Müller, J. (1991), S. 128.
[61] Vgl. Fiedler, R. (1995), S. 342.
[62] Vgl. Horváth, P./ Petsch, M. u.a. (1983), S. 86.
[63] Vgl. Carl, N./ Fiedler R., u.a. (1995), S. 45 f.

Zur Einhaltung der haushaltsrechtlichen Bestimmungen müssen bei jedem Geschäftsvorfall folgende Aspekte abgebildet werden:

- Verwendungszweck der Mittel (z.b. Personalkosten, Investitionen, Sachausgaben)
- Empfänger der Mittel (Kostenstelle)
- Herkunft der Mittel (Förderart, Projektnummer)

Weiterhin sind die unterschiedlichen Förderarten zu beachten:

- personenbezogene Förderung
- Projektförderung
- Förderung eines Betriebsbereichs/ Kostenstelle

Voraussetzung für viele Zuwendungen ist die projektbezogene Wiederverwendung der
Einnahmen. Bei Beginn des Projektes müssen die zu erwarteten Einnahmen kalkuliert,
sowie die projektbezogene Mittelverwendung nach Titeln (Kostenarten) festgelegt
werden. Eine spätere Änderung der Mittelverwendung wird oft nicht akzeptiert und
führt zu Kürzungen der Zuwendungen. Im Zuwendungsrecht ist festgehalten, daß
Abweichungen von den Budgets der einzelnen haushaltsrechtlichen Titel nur in gerin-
gem Umfang zulässig sind. Um einen gegebenen Handlungsbedarf rechtzeitig
erkennen zu können und bei den Zuwendungsgebern Mittelverschiebungen zu bean-
tragen, ist eine zeitnahe Budgetüberwachung notwendig, die von der eingesetzten
Software unterstützt werden muß.

Die Gestaltung der zahlenmäßigen Verwendungsnachweise, die am Ende der Projekte
erstellt werden müssen, ist vorgegeben. Sie sollte in der Software auch abgebildet
werden können. Je nach Förderart variiert die Form der Nachweise erheblich. Um den
Ansprüchen der Fördergeber gerecht zu werden, sollte die Gestaltung und Verände-
rung der Berichte von der gesuchten Software auf einfache Weise möglich sein, ohne
daß bei jeder Änderung Anpassungs- und Entwicklungskosten durch die Softwarefirma entstehen.

6.3   Systemtechnische Anforderungen

In diesem Kapitel werden die softwarebezogenen technischen Anforderungen an die
Software erläutert.

6.3.1 Flexibilität

Die Flexibilität von Controlling- Software stellt ein zentrales Beurteilungskriterium
dar. Das System muß individuell an das Unternehmen angepaßt und ohne großen

Aufwand modifiziert werden können.[64] Möglichkeiten einer kurzfristigen Umsetzung von Änderungswünschen und Übertragbarkeit auf andere Betriebsorganisationen verringern die Einführungs- und Anpassungskosten der Software erheblich. Eine Überbetonung der Flexibilität kann jedoch zu Unübersichtlichkeit führen. Eine Möglichkeit dem vorzubeugen, ist die Parametrisierung der Software, wodurch eine einfache Steuerung und Modifikation des Programmablaufes mit Hilfe von Parametern erreicht wird.[65] Customizing, die Anpassung der Software an die unternehmensspezifischen Bedürfnisse ohne Programmänderungen, stellt eine besonders flexible Art dar.[66]

Häufige Anpassung der Software an geänderte Rahmenbedingungen, das Mitwachsen der Software mit der Unternehmensstruktur birgt jedoch die Gefahr, daß die gespeicherten Daten im Zeitverlauf nicht mehr oder nur mit großem Aufwand verglichen werden können.[67]

6.3.2 Modularität

Ein modularer Aufbau der Software ist Grundvoraussetzung für eine übersichtliche und leicht änderbare Systemstruktur. Besteht die Software aus mehreren unabhängig voneinander funktionierenden Modulen, können diese je nach Bedarf eingesetzt bzw. erweitert werden. Auf diese Weise kann das Controlling- Konzept auch schrittweise optimiert werden. Durch diese Modularität kann die Komplexität, gerade in der Einführungsphase verringert werden. Der Wartungs- und Weiterentwicklungsaufwand wird durch modulare Programmsysteme, die leicht veränder- und erweiterbar sind, reduziert.[68]

6.3.3 Zuverlässigkeit und Systemsicherheit

Die Zuverlässigkeit eines Programmes wird neben der Fehlerwahrscheinlichkeit auch an dessen Verhalten im Störfall beurteilt.[69] Eine hohe Anzahl von Installationen, sowie eine lange Laufzeit seit der Erstinstallation lassen auf ein hohes Maß an praktischer Bewährung schließen. Genauso wichtig für die Verläßlichkeit eines Programmes ist, daß im Störfall die erfassten Daten wieder rekonstruiert werden können.

---

[64] Vgl. Carl N./ Fiedler R., u.a.(1995), S. 64.
[65] Vgl. Horváth, P./ Petsch, M. u.a. (1983), S. 92 f.
[66] Vgl. Tödtli, B. (1990), S. 129.
[67] Vgl. Müller, J. (1991), S. 135; vgl. Frey, H., in Scheer (Hrsg.), 1993, S. 346
[68] Vgl. Oecking, G.F./ Wullenkord, A. (1993), S.73.
[69] Vgl. Horváth, P./ Petsch, M. u.a. (1983), S. 93 f.

Um unberechtigten Zugriff auf Datenbestände zu verhindern, muß die Möglichkeit bestehen, bestimmte Daten mit Passwörtern zu schützen. Ausreichender Datenschutz kann jedoch nicht nur durch eine Passworthierarchie gewährleistet werden, sondern erfordert auch eine Verschlüsselung der Daten, damit nicht von anderen Programmen auf die Daten zugegriffen werden kann. Unbeabsichtigte Datenänderungen sollen genauso erschwert werden wie unberechtigter Datenzugriff.

Sinnvoll wäre auch eine geeignete Unterstützung bei der Datensicherung, der physischen Sicherung der Daten auf externen Speichermedien.

6.3.4 Schnittstellen und Portabilität

Ziel einer Controlling- Software Implementierung sollte ein integriertes Informationssystem sein, denn nur ein geschlossenes System der innerbetrieblichen Datenverarbeitung ist langfristig als wirtschaftlich zu betrachten.

Bei der Konzeption des Einsatzes von Controlling- Software ist darauf zu achten, daß die Basisdaten der vorgelagerten operativen Systeme automatisch übernommen werden können. Auch zu nachgelagerten Systemen muß die Einbindung von Schnittstellenprogrammen möglich sein. [70] Die Controlling- Software darf keine Insellösung in dem betrieblichen EDV System darstellen. Die Schnittstellen sind von entscheidender Bedeutung für das Maß der Integrationsfähigkeit.

Die verwendete Software sollte einen Datenimport per ASCII Schnittstelle oder ODBC- Schnittstelle unterstützen, um mehrfache Erfassung der Daten zu vermeiden und eine effiziente Datenübernahme zu gewährleisten. Eine problemlose Übernahme der Daten in ein gemeinsames System sollte von der Software gewährleistet werden.

Unter Portabilität bzw. Kompatibilität wird die Einsatzfähigkeit der Software auf unterschiedlicher Hardwareumgebung bzw. Betriebssystemen verstanden.[71] Da die Software über eine längere Zeit einsatzfähig bleiben sollte, ist die Portabilität ein wichtiges Beurteilungskriterium, insbesondere wenn die Software in ein bestehendes EDV- System integriert werden soll.

Die gesuchte Software sollte die Standards des Hard- und Softwaremarktes unterstützen. Sie sollte unter der Netzsoftware LINUX lauffähig sein. Auf Client Seite, dem Arbeitsplatz des Anwenders, sollte sich Windows 9x anwenden lassen.

---

[70] Vgl. Schmidt, P., Controller Magazin 4/99, S. 218.
[71] Vgl. Horváth, P./ Petsch, M. u.a. (1983), S. 96.

6.3.5 Mehrplatzfähigkeit

Gerade im Controlling ist die Nutzung einer zentralen Datenbank von großer Bedeutung, um Datenpflege und den Datenaustausch zwischen den einzelnen Benutzern zu erleichtern. Der direkte Zugriff auf die Datenbank verlangt jedoch erhöhte Anforderungen an die Systemsicherheit der Software, wie Regelung der Zugriffsrechte und geeigneter Passwortschutz.[72]

Die Mehrplatzfähigkeit der gesuchten Software stellt ein KO- Kriterium dar. Gesucht wird eine Mehrfachlizenz für fünf Nutzer, wobei die Erweiterbarkeit auf weitere PC problemlos möglich sein sollte.

6.3.6 Benutzerfreundlichkeit und Software-Ergonomie

Die Benutzeroberfläche ist ein wesentlicher Faktor für die Akzeptanz des Programmes. Die Bedienerfreundlichkeit sollte den Anforderungen der Softwareergonomie gerecht werden: Verständlichkeit, Übersichtlichkeit und Steuerbarkeit.[73]

Zur Bedienerfreundlichkeit gehört neben einer Hilfefunktion auch eine bequeme Datenübernahme, eine anschauliche und sinnvolle Datendarstellung, wodurch die Erlernbarkeit erleichtert und damit die Einarbeitungszeit gering gehalten wird.[74] Die Controlling- Software muß optisch ansprechend sein und sich selbst erklären. Datensicherheit und Datenschutz sind weitere wesentliche Aspekte der Benutzerfreundlichkeit.

6.4   Anbieterbezogene Anforderungen

6.4.1 Installation und Referenzen

Aus einer großen Anzahl an Installationen und dem Zeitpunkt der Erstinstallation kann geschlossen werden, daß sich die Software bereits praktisch bewährt hat und der Anbieter bereits Erfahrungen in der Einführung und Anpassung der Software gewonnen hat.

Eine vollständige Referenzliste gibt einen Überblick über die Größe- oder branchenbezogenen Schwerpunkte der Unternehmen, welche die Software bereits einsetzen. Durch Gespräche mit Anwendern der Software können Aussagen über die Qualität der

---

[72] Vgl. Müller, J. (1991), S. 140.
[73] Vgl. Carl N./ Fiedler R., u.a., S. 57.
[74] Vgl. Horváth, P./ Petsch, M. u.a. (1983), S. 94; Carl, N./ Fiedler R., u.a. (1995), S. 58.

Software, Zuverlässigkeit des Anbieters und die Erfüllung der Anforderungen getroffen werden.

6.4.2 Qualifikation und relevante Nebenbedingungen

Damit eine reibungslose Einführung und Wartung der Software gewährleistet ist, sind die Qualifikation, der Ausbildungsstand und die Branchenkenntnisse der Mitarbeiter des Softwareanbieters wichtig. Der Softwareanbieter muß Ersatz bei Ausfall eines Mitarbeiters garantieren können, deshalb sind die Unternehmensgröße und Anzahl der Servicepersonen von Bedeutung. Ein weiteres Kriterium ist die zeitliche und geographische Verfügbarkeit des Anbieters.

6.4.3 Zusatzleistungen

Neben Beratungsleistungen in der Einführungsphase ist die Schulung aller mit der Software arbeitenden Mitarbeiter für den effizienten Einsatz der Software bedeutend. Die Schulung sollte möglichst unternehmensintern und mit echten Unternehmensdaten stattfinden.[75]

Die Software- Dokumentation hat folgenden Inhalt aufzuweisen:[76]

- Systembeschreibung
- Programmbeschreibung
- Benutzerdokumentation
- Installationsanweisung
- Fehlermeldungen und ihre Ursache

Gerade auf dem sich schnell ändernden Software- Markt ist die Weiterentwicklung des Programmes von grundlegender Bedeutung für die Zukunftsfähigkeit. Die Wartung dient der Aufrechterhaltung der Funktionsfähigkeit bei Auftreten von Fehlern und Veränderungen der Struktur oder Systemumgebung.[77]

Als Serviceleistung wird von allen Anbietern eine Hot-Line, eine telefonische Hilfestellung angeboten, die bei auftretenden Problemen in Anspruch genommen werden kann. Auf diese Weise können kleinere Probleme schnell und kostengünstig behoben werden.

---

[75] Vgl. Müller, J. (1991), S. 163.
[76] Vgl. Horváth, P./ Petsch, M. u.a. (1983), S. 98.
[77] Vgl. Frank, J. (1977), S. 42.

6.4.4 Bezugskonditionen

Controlling- Software wird in dem meisten Fällen zum Kauf angeboten, Mietkauf spielt eine untergeordnete Rolle.

Das Aushandeln der sonstigen Vertragsbedingungen ist wesentlich vom Verhandlungsgeschick des potentiellen Benutzers abhängig. Dazu zählen Laufzeit und Kündigungsfristen für Hot- Line und Wartungsvertrag, Umfang der Unterstützung, Übernahme der Installation, Anspruch auf Fehlerbeseitigung und Rabatte bei neuen Versionen, Gewährleistungen, Garantie.[78]

7   Kriterienkatalog und Gewichtung

7.1   Bewertungsmethoden und Analyseverfahren

Bewertungsmethoden zwingen dazu, alle subjektiven Elemente des Auswahlprozesses offen zu formulieren. Die Gesamtentscheidung soll objektiviert werden um die Beurteilung nachvollziehbarer zu gestalten. Zur fundierten Bewertung der Produkte, kann man sich folgender Verfahren bedienen:

Beim Verfahren der Investitionsrechnung[79] wird die Auswahlentscheidung auf die monetäre Dimension beschränkt. Um die Wirtschaftlichkeit der Investition zu beurteilen, werden die Kosten und Erträge der einzelnen Alternativen gegenübergestellt. Auf der Kostenseite müssen die direkten Investitionskosten und die laufenden Kosten betrachtet werden. Wesentlich schwieriger ist jedoch die Operationalisierung der Erträge. Die Einschätzung des zukünftigen Nutzens einer Controlling- Software kann nur durch eine Produktivitäts- bzw. Umsatzsteigerung und/ oder durch Kosteneinsparung gemessen werden. Es ergeben sich jedoch erhebliche Probleme bei der Zurechenbarkeit der Erträge auf den Software Einsatz. Sinnvoll ist diese Methode, um die Wirtschaftlichkeit von Eigenfertigung zu überprüfen.

Mit Methoden zur Software Leistungsmessung wird die technische Leistungsfähigkeit der Software gemessen.[80] Geprüft wird nicht der Funktionsumfang, sondern die systemtechnische Umsetzung. Für Anwendungssoftware ist dieses Verfahren aber nur begrenzt sinnvoll. Das Verfahren sollte nur eingesetzt werden, wenn die technische Leistungsfähigkeit eine große Rolle spielt.[81]

---

[78] Vgl. Zahrnt, C. (1990), S. 183 ff.
[79] Vgl. Frank, J. (1979), S. 105 ff; Horváth, P./ Petsch, M. u.a. (1983), S. 17.
[80] Vgl. Frank, J. (1979), S. 96 ff.
[81] Vgl. Horváth, P./ Petsch, M. u.a. (1983), S. 17.

Sind mehrere Dimensionen zu berücksichtigen, können Matrixmodelle wie die Nutzwertanalyse angewendet werden. Diese Methode ermöglicht bei der Softwareauswahl die Berücksichtigung von mehreren unterschiedlich gewichteten Kriterien[82]. Mit dieser Bewertungsmethode soll die beste Alternative herausgefunden werden, wenn mehrere Auswahlkriterien mit unterschiedlicher Bedeutung vorliegen. Jeder zu bewertenden Kriteriengruppe wird mit Hilfe eines Erreichunggrades ein Nutzen zugeordnet. Die Nutzwertanalyse ermittelt somit den in Zahlen ausgedrückten subjektiven Wert von unterschiedlichen Lösungen in Bezug auf die Zielvorgaben. So wird gewährleistet, daß nicht nur die Erfüllung der Kriterien, sondern auch das Gewicht dieser Kriterien in die Bewertung und Entscheidung mit einfließt. Eine Voraussetzung für die Durchführung einer Nutzwertanalyse ist die Anwendung von Gewichtungsverfahren. Beim Rangordnungsverfahren erfolgt ein paarweiser Vergleich der Produkteigenschaft, um in der Zusammenfassung eine Gesamtrangfolge der Softwareprodukte zu bilden.

Der Ablauf der Nutzwertanalyse kann sich wie folgt gestalten:[83]
1. Formulierung des Zielsystems und Bestimmung der Bewertungskriterien
2. Gewichtung der Kriterien
3. Bewertung der Alternativen
4. Errechnen der Bewertungszahl und Festlegung einer Produktgesamtbewertung
5. Ermittlung der Rangfolge.

Die Nutzwertanalyse fördert die Transparenz und Objektivität, in dem sie den Bewertungsvorgang nachvollziehbar macht. Jedoch ist zu beachten, daß Bewertungen immer subjektiv sind, die Punktwerte können Scheinobjektivität vortäuschen.

Die Schwierigkeit bei der Softwareauswahl liegt an der Vielzahl der zu berücksichtigenden Kriterien. Nicht allein der Preis ist entscheidend, sondern auch die Leistungsfähigkeit und Qualität der Software, die Marktstellung des Anbieters und auch subjektive Kriterien, wie beispielsweise das Erscheinungsbild des Anbieters.[84]. Der Einsatz von Matrixmodellen und dem Rangordnungsverfahren ist zweckmäßig, wenn eine Vielzahl von funktionellen, organisatorischen und wirtschaftlichen Aspekten zu berücksichtigen sind. Müller[85] weist aber darauf hin, daß diese Verfahren sehr aufwendig sind, und deshalb erst in der letzten Auswahlphase eingesetzt werden sollten.

---

[82] Vgl. Grupp, B. (1991), S. 115 und S. 126.
[83] Vgl. Winkelhofer, G. (1997), S. 152.
[84] Vgl. Oecking, G.F./ Wullenkord, A. (1993), S. 68; . Grupp, B. (1991), S. 115.
[85] Vgl. Müller J. (1991), S. 170.

7.2 Gewichtung der Kriterien

Entsprechend der beschriebenen Anforderungen wurde ein Kriterienkatalog entwickelt. Die einzelnen Bereiche werden entsprechend der Präferenzen des Unternehmens eingestuft. Die Kriterien werden nach ihrem Beitrag zum Nutzen des Gesamtsystems wie unten aufgeführt gewichtet.

Die einzelnen Kriterien werden paarweise zueinander in Beziehung gesetzt, um die unterschiedlichen Gewichtungen zu ermitteln. Das Vorgehen kann folgenden Beispielen entnommen werden.

* Kriterium 1 (Planung) : Kriterium 2 (Abweichungsananlyse) erhält die Bewertung 6 : 4, da die Planung wichtiger als die Abweichungsanalyse ist;
* Kriterium 2 : Kriterium 3 erhält die Bewertung 5 : 5, da beide Kriterien etwa gleich wichtig sind.

Auf diese Weise werden zuerst die Hauptkriterien und danach die Teil- und Einzelkriterien bewertet. Nachfolgenden Tabellen kann die Gewichtungen der Hauptkriterien entnommen werden. Die Gewichtung der Teilkriterien sind Anhang 3 und Anhang 4 zu entnehmen, die Gewichtung der Einzelkriterien ist in den Bewertungstabellen dokumentiert (Kapitel 7.4.1 - 7.4.3).

fachliche Hauptkriterien		KRITERIEN Nr.						Summe (Punkte absolut)	Gewicht in % (relativ)
		1	2	3	4	5	6		
1	Planungsmöglichkeiten		6	4	7	4	5	21	17
2	Abweichungsanalyse	4		5	6	4	6	19	15
3	Erfolgsrechnung	6	5		6	5	5	22	18
4	Kennzahlen	3	4	4		4	4	15	12
5	Berichtswesen	6	6	5	6		5	23	18
6	Fördermittelabrechnung	5	4	5	6	5		25	20
	Summe							125	100

systemtechnische Hauptkriterien		KRITERIEN Nr.					Summe (Punkte absolut)	Gewicht in % (relativ)
		1	2	3	4	5		
1	Flexibilität und Modularität		4	4	3	6	17	17
2	Datenschutz und Datensicherung	6		5	4	6	21	21
3	Benutzeroberfläche und Bedienerfreundlichkeit	6	5		4	6	21	21
4	Schnittstellen	7	6	6		6	25	25
5	Internet Anbindung	4	4	4	4		16	16
	Summe						100	100

anbieterbezogene Hauptkriterien	KRITERIEN Nr.					Summe (Punkte absolut)	Gewicht in % (relativ)
	1	2	3	4	5		
1 Zuverlässigkeit		6	5	7	6	24	24
2 Qualifikation und Unterstützung	4		5	6	6	21	21
3 Zusatzleistungen	5	5		7	5	22	22
4 Qualität der Dokumentation	3	4	3		4	14	14
5 Zukunftsorientierung und Weiterentwicklung	4	4	5	6		19	19
Summe						100	100

7.3   "Make-or-buy" Entscheidung

Nachdem die Kriterien und deren Gewichtung festgelegt sind, sollte nach Frank[86] die Frage nach Eigenerstellung oder Fremdbezug beantwortet werden. Anschließend wird unter mehreren alternativen Lösungen ausgewählt.

Die Make-or-buy Entscheidung hat die Aufgabe, zu prüfen inwieweit

- die Eigenentwicklung der Lösung angestrebt werden soll oder
- eine Standardsoftware gekauft und angepaßt werden soll.[87]

Standardsoftware[88] kennzeichnet sich dadurch aus, daß sie

- für breite Anwenderkreise für eine genau beschriebene Problemlösung entwickelt wurde,
- für unterschiedliche Organisationsstrukturen, hardware- und betriebssystembezogen einsetzbar ist,
- von einer Softwareentwicklungsfirma ingenieurmäßig erstellt wurde und für den Absatz am Softwaremarkt bestimmt worden ist und
- zu einem Festpreis angeboten wird.

Im Gegensatz zu Standardsoftware wird Individualsoftware speziell für ein Unternehmen entwickelt, damit Aufgaben, die nicht standardmäßig abgedeckt sind, bewältigt werden können. Individualsoftware kann im eigenen Unternehmen erstellt werden oder extern von einer professionellen Softwarefirma entwickelt werden. Bei der EDV-

---

[86] Vgl. Frank, J. (1977), S. 67.
[87] Vgl. Winkelhofer, G. (1997), S.60.
[88] Vgl. Biethahn, J./ Mucksch, H., u.a. (1994), S. 138; vgl. Horváth, P./ Petsch, M. u.a. (1983), S. 6; vgl. Grupp, B. (1994), S. 3 f.

Unterstützung im Controlling geht der Trend eindeutig in Richtung Standardanwendungssoftware, die jährlichen Zuwachsraten betragen zwischen 18 und 25%.[89]

Ein wesentliches Entscheidungskriterium bilden hierbei die Kosten. Dabei erfolgt in der Regel eine Gegenüberstellung von Kosten des Fremdbezuges mit den entscheidungsrelevanten Kosten der internen Leistungserstellung. Viele Autoren gehen davon aus, daß Fremdbezug von Software kostengünstiger ist.[90] Der Preisvorteil von Standardsoftware wird mit 5-20% beziffert.[91] Zudem können die Kosten bei Fremdbezug mit größerer Sicherheit kalkuliert werden als bei Eigenerstellung. Die Kalkulation der Entwicklungs- und Dokumentationskosten bei Individualsoftware ist nur schwer möglich. Gerade Testläufe und Fehlerbeseitigung von Programmen können die Kosten in die Höhe treiben.

Zu den weiteren wichtigen Vorteilen von Standardsoftware zählen:
- Das Know-How aus bereits eingesetzter Standardsoftware wird beim Kauf miterworben, wodurch auf getestete, ausgereifte und betriebswirtschaftlich niveauvolle Software geschlossen werden kann.[92]
- Zeitersparnis: Die Software ist kurzfristig einsetzbar.[93]
- Software wird weiterentwickelt, im Rahmen von Wartung werden die Updates der Programme kostengünstig angeboten.

Nachteile von Standardsoftware
Niedrige Implementierungszahlen können darauf hinweisen, daß die Software nicht ausgereift ist. Es handelt sich eventuell um modifizierte Individualsoftware, deshalb sollte die Anzahl der Installationen ein wesentliches Entscheidungskriterium darstellen.

Standardsoftware entspricht meist nicht den Anforderungen des Unternehmens. Umstrukturierungen der Organisation an die Software sind oft erforderlich. Durch Customizing wird versucht, diesen Nachteil zu beheben, dabei wird bei der Installation der Software unter mehreren programmierten Lösungen, diejenige, die der Unternehmensstruktur am nächsten kommt, ausgewählt. Die Anpassung ist teilweise ein aufwendiger und damit kostenintensiver Prozeß, der zusätzlich noch die Abhängigkeit vom Hersteller erhöht. Da die Software für große Anwenderkreise entwickelt wurde,

---

[89] Vgl. Frey, M. (1990), S. 109.
[90] Vgl. Biethahn, J., Mucksch, H., u.a. (1994), S. 138.
[91] Vgl. Frank, J. (1977), S. 44; Kirsch, W./ Börsig, C., u.a. (1979), S. 74.
[92] Vgl. Klapper, R. (1991), S. 0-3; Oecking, G.F./ Wullenkord, A. (1993), S. 66.
[93] Vgl. Kirsch, W., u.a. (1979), S. 77.

enthält sie viele Funktionen, die nicht benötigt werden, wodurch die Übersichtlichkeit verloren gehen kann.

Trotz der genannten Nachteile sollte heute eine Standardlösung der Eigenentwicklung vorgezogen werden, unter der Voraussetzung, daß auf dem Markt eine geeignete Software angeboten wird. [94]

Grundlage der Make- or- buy- Entscheidung sind die in Kapitel 6 beschriebenen Anforderungen. Da im Beispielunternehmen noch kein entwickeltes und bewährtes Controlling Konzept etabliert ist, ist das Know- How, das beim Zukauf von Standardsoftware mit in das Unternehmen einfliesst, besonders wichtig. Begründet durch personelle und finanzielle Engpässe im Unternehmen kann nicht zwischen Eigenerstellung oder Fremdbezug ausgewählt werden. Da nicht genügend qualifiziertes Personal und keine eigene Entwicklungsabteilung vorhanden ist, erscheint eine Eigenerstellung nicht sinnvoll.

7.4   Bewertung

Der Vergleich der einzelnen Software- Lösungen ist sehr schwierig, da jeder Anbieter unterschiedliche Materialien bereitstellte.

Von dem Produkt Control It! stand eine auf 30 Tage begrenzte Vollversion, sowie ein Demonstrationsprogramm mit eingeschränkten Einsatzmöglichkeiten zur Verfügung. Da die Schnittstelle zu KHK bereits vordefiniert ist, konnten die Tests teilweise mit Originaldaten durchgeführt werden.

Die MIS Consulting GmbH stellte die Version 3.5 ihres multidimensionalen Datenbanksystem MIS Alea mit zahlreichen Musteranwendungen zur Verfügung. Die Funktionen konnten mit Testdaten geprüft und bewertet werden. Einige Eigenschaften, wie z.B. die Schnittstellen zu operativen Systemen konnten nicht getestet werden. In diesen Fällen wurde auf die Angaben des Herstellers zurückgegriffen. Das entwickelte System COBES wurde von dem Hersteller präsentiert. Die Firma MIS hat weiterhin angeboten, einen Prototypen zu entwickeln, der einen Teilbereich des Unternehmens abbildet. Zum Zeitpunkt der Fertigstellung dieser Arbeit konnte der Prototyp noch nicht getestet werden.

Das Unternehmen Corporate Planning stellt grundsätzlich keine Demonstrationsversionen der Produkte zur Verfügung. Die Bewertung der Software Corporate Planner konnte deshalb nur durch die Analyse der umfangreichen schriftlichen

---

[94] Vgl. Männel, W. (1991), S. 28.

Unterlagen, wie Produktbeschreibungen und zahlreiche Beispielsauswertungen sowie einer Präsentations- CD durchgeführt werden. Eine Schwäche der Untersuchung ist also, daß das Produkt "Corporate Planner" nicht in dem Umfang getestet werden konnte, wie die beiden anderen untersuchten Programme.

Zusätzlich wurden telefonische Befragungen von Referenzkunden durchgeführt, um die Bewährung in der Praxis beurteilen zu können.

In den Bewertungstabellen, die in den nachfolgenden Kapitel dargestellt werden, wird die Festlegung der absoluten Gewichtung beschrieben und aus Gründen der Platzersparnis wird in den gleichen Tabellen die Bewertung der einzelnen Produkte dokumentiert.

Gewicht 1 und Gewicht 2 wurden aus den Gewichtungen der Haupt- und Teilkriterien übernommen.

Gewicht 3 wurde durch Gewichtung der Einzelkriterien festgelegt.

Die absolute Gewichtung ergibt sich aus folgender Formel:

(Gewicht 1/100 * Gewicht 2/100 * Gewicht 3/100) * 100.

Die eigentliche Bewertung der Software wurde in nachfolgenden Bewertungstabellen dokumentiert.

Die anbieterbezogenen Kriterien wurden mit den Noten 0 bis 3 bewertet, wobei 3 die beste Bewertung bedeutet.

Die fachlichen und systemtechnischen Kriterien wurden mit 0 und 1 bewertet, wobei

- 0 bedeutet, daß das Kriterium von dem Produkt nicht erfüllt wurde und
- 1 bedeutet, das Kriterium wurde erfüllt.

7.4.1 Bewertung der fachlichen Kriterien

Kriterien / Bewertung	Gewicht 1	Gewicht 2	Gewicht 3	absol. Gew.	MIS ALEA Bewertung	gewichtete Punkte	CONTROL ITI Bewertung	gewichtete Punkte	Corporate Planner Bewertung	gewichtete Punkte
1. Gesamtgewicht Planung			17							
A. Erfassung der Plandaten	28									
direkte Einzelplanung je Position		25	1,2		1	1,2	1	1,2	1	1,2
prozentuale Verteilung		25	1,2		1	1,2	1	1,2	1	1,2
Verdichtung der Daten zu Quartals- oder Jahresplan		25	1,2		1	1,2	1	1,2	1	1,2
Übernahme Istdaten des vergangenen Jahres zuzüglich/abzüglich Erwartung		25	1,2		1	1,2	1	1,2	1	1,2
B. Automatische Koordination	28					0,0		0,0		0,0
Automatische Koordination der Teilpläne zu einem Unternehmensgesamtplan		50	2,4		1	2,4	1	2,4	1	2,4
Koordination von Bottom-Up-Planung (Verdichtung)		50	2,4		1	2,4	0	0,0	1	2,4
C. Freie Zeitraumwahl	28									
rollienrende Planungsmöglichkeiten (mind. 1 Jahr im voraus)		40	1,9		1	1,9	1	1,9	1	1,9
dynamische und mehrperiodische Betrachtungsweise		60	2,9		1	2,9	1	2,9	1	2,9
D. Planungsmöglichkeiten	16									
Plan Bilanz		10	0,3		1	0,3	1	0,3	1	0,3
Plan GuV		25	0,7		1	0,7	1	0,7	1	0,7
Liquiditätsplanung		25	0,7		1	0,7	1	0,7	1	0,7
Kosten- und Umsatzplanung		25	0,7		1	0,7	1	0,7	1	0,7
Personalplanung		15	0,4		1	0,4	1	0,4	0	0,0
Zwischensumme Planung	17	100				17,2		17,2		14,8	16,8

Kriterien / Bewertung	Gewicht 1	Gewicht 2	Gewicht 3	absol. Gew.	MIS ALEA Bewertung	gewichtete Punkte	CONTROL ITI Bewertung	gewichtete Punkte	Corporate Planner Bewertung	gewichtete Punkte
2. Gesamtbewertung Abweichungsanalyse			15							
A. Abweichungstoleranzen	23									
unterschiedliche Abweichungstoleranzen für einzelne Bereiche möglich		50	1,7		1	1,7	1	1,7	1	1,7
Vorgabe der Abweichungstoleranz in % oder absolut		50	1,7		1	1,7	0	0,0	1	1,7
B. Einsatzmöglichkeit	22									
Kostenanalyse		25	0,8		1	0,8	1	0,8	1	0,8
Bilanzanalyse		25	0,8		0	0,0	1	0,8	1	0,8
Erfolgsanalyse		25	0,8		1	0,8	1	0,8	1	0,8
Soll- Ist Vergleich		25	0,8		1	0,8	1	0,8	1	0,8
C. Differenzierung der Abweichung	25									
Nach einzelnen Arten: Mengen-Preis- Beschäftigungsabweichung		60	2,3		0	0,0	0	0,0	1	2,3
kombinierte Abweichung		40	1,5		0	0,0	0	0,0	1	1,5
D. Darstellung der Abweichung	30									
Darstellung in %, absolut		40	1,8		1	1,8	1	1,8	1	1,8
durchschnittliche Abweichung		30	1,4		1	1,4	1	1,4	1	1,4
Rangfolge (größte, kleinste Abweichung)		30	1,4		1	1,4	0	0,0	1	1,4
Zwischensumme Abweichungsanalyse	15	100				15,0		10,4		8,1	15,0

Kriterien / Bewertung	Rel. Gewichtung in Prozent			absol. Gew.	MIS ALEA		CONTROL ITI		Corporate Planner	
	Gewicht 1	Gewicht 2	Gewicht 3		Bewertung	gewichtete Punkte	Bewertung	gewichtete Punkte	Bewertung	gewichtete Punkte
3. Gesamtbewertung Erfolgsrechnung	18									
A. Freie Defintion der Zeilen		40	100	7,2	1	7,2	1	7,2	1	7,2
B. Bildung der Deckungsbeiträge aus unterschiedlichen Blickwinkeln:		60								
nach Kostenstellen			40	4,3	1	4,3	1	4,3	1	4,3
nach Kostenträgern			25	2,7	1	2,7	1	2,7	1	2,7
nach Fördergeber/ Projekt			25	2,7	1	2,7	1	2,7	1	2,7
nach unterschiedlichen Zeiträumen			10	1,1	1	1,1	1	1,1	1	1,1
Zwischensumme Erfolgsrechnung	18	100		18,0		18,0		18,0		18,0

Kriterien / Bewertung	Rel. Gewichtung in Prozent			absol. Gew.	MIS ALEA		CONTROL ITI		Corporate Planner	
	Gewicht 1	Gewicht 2	Gewicht 3		Bewertung	gewichtete Punkte	Bewertung	gewichtete Punkte	Bewertung	gewichtete Punkte
4. Gesamtbewertung Kennzahlen	12									
A. Definition von Kennzahlen		32								
vordefinierte standardmäßige Kennzahlen			40	1,5	0	0,0	0	0,0	1	1,5
änderbar und frei gestaltbar			60	2,3	1	2,3	1	2,3	1	2,3
B. Dokumentation der Berechnung		23	100	2,8	0	0,0	0	0,0	1	2,8
C. Darstellung im Zeitverlauf		25	100	3,0	1	3,0	0	0,0	1	3,0
D. Kennzahlensysteme		20								
ROI System nach Dupont			20	0,5	0	0,0	0	0,0	1	0,5
R/L- System			20	0,5	0	0,0	0	0,0	1	0,5
andere			20	0,5	0	0,0	1	0,5	1	0,5
frei definierbar			40	1,0	1	1,0	1	1,0	1	1,0
Zwischensumme Kennzahlen	12	100		12,1		6,3		3,8		12,1

Kriterien / Bewertung	Rel. Gewichtung in Prozent			absol. Gew.	MIS ALEA		CONTROL ITI		Corporate Planner	
	Gewicht 1	Gewicht 2	Gewicht 3		Bewertung	gewichtete Punkte	Bewertung	gewichtete Punkte	Bewertung	gewichtete Punkte
5. Gesamtbewertung Berichtswesen	18									
A. Darstellungsform		33								
Tabellen			40	2,4	1	2,4	1	2,4	1	2,4
Schaubilder, automatische Anpassung			30	1,8	1	1,8	1	1,8	1	1,8
Kennzahlen			20	1,2	0	0,0	1	1,2	1	1,2
Erläuterungen			10	0,6	1	0,6	0	0,0	1	0,6
B. Berichtsgenerator		37								
freie Defintion von Zeilen und Spalten			50	3,3	1	3,3	1	3,3	1	3,3
Tabellen mit Graphik und Text verknüpfbar			50	3,3	1	3,3	1	3,3	0	0,0
C. Adressatenkreis		30								
Automatische Ausgabe vordefinierter Berichte			30	1,6	1	1,6	1	1,6	1	1,6
Verdichtung nach Verantwortungsbereichen			40	2,2	1	2,2	1	2,2	1	2,2
zeitliche Verdichtung			30	1,6	1	1,6	1	1,6	1	1,6
Zwischensumme Berichte	18	100		18,0		16,8		17,4		14,7

Kriterien / Bewertung	Rel. Gewichtung in Prozent			absol. Gew.	MIS ALEA		CONTROL ITI		Corporate Planner	
	Gewicht 1	Gewicht 2	Gewicht 3		Bewertung	gewichtete Punkte	Bewertung	gewichtete Punkte	Bewertung	gewichtete Punkte
6. Gesamtgewicht Fördermittelabrechnung	20									
A. Auswertungen der Finanzierungsart	23	100		4,6	1	4,6	0	0,0	0	0,0
B. Berücksichtigung unterschiedlicher Förderarten	30									
personenbezogene Förderung		40		2,4	1	2,4	1	2,4	1	2,4
Projektförderung		40		2,4	1	2,4	0	0,0	1	2,4
Berücksichtigung Kofinanzierung		20		1,2	1	1,2	0	0,0	0	0,0
C. Budgetüberwachung	29	100		5,8	1	5,8	0	0,0	1	5,8
D. Einfache Gestaltung und Veränderung von Berichten	18	100		3,6	1	3,6	1	3,6	0	0,0
Zwischensumme Fördermittelabrechnung	20	100		20,0		20,0		6,0		10,6

7.4.2 Bewertung der systemtechnischen Kriterien

Kriterien / Bewertung	Rel. Gewichtung in Prozent		absol. Gew.	MIS ALEA		CONTROL IT 3.0		Corporate Planner	
	Gewicht 1	Gewicht 2		Bewertung	gewichtete Punkte	Bewertung	gewichtete Punkte	Bewertung	gewichtete Punkte
1. Flexibilität und Modularität	17								
Mandantenfähigkeit		27	4,5	1	4,5	1	4,5	1	4,5
Modularer Aufbau der Software		22	3,7	1	3,7	0	0,0	1	3,7
einfache Abbildung einer geänderten Organisationsstruktur		27	4,5	1	4,5	1	4,5	1	4,5
Anpassungsmöglichkeiten und -hilfen		25	4,3	1	4,3	1	4,3	1	4,3
Zwischensumme Flexibilität/ Modularität	17		17,0		17,0		13,3		17,0
2. Datenschutz und Datensicherung	21								
Passwortschutz		23	4,8	1	4,8	1	4,8	1	4,8
Regelung von Zugriffsrechten		23	4,8	1	4,8	1	4,8	1	4,8
Schutz der Daten durch Verschlüsselung		19	4,0	0	0,0	0	0,0	1	4,0
Können Dateien nach Störfall rekonstruiert werden?		21	4,4	1	4,4	1	4,4	1	4,4
Routine zur Datensicherung		14	2,9	0	0,0	0	0,0	0	0,0
Zwischensumme Datenschutz und Datensicherheit	21		21,0		14,1		14,1		18,1

42

Kriterien / Bewertung	Gewicht 1	Gewicht 2	Gewicht 3	absol. Gew.	MIS ALEA Bewertung	MIS ALEA gewichtete Punkte	CONTROL IT 3.0 Bewertung	CONTROL IT 3.0 gewichtete Punkte	Corporate Planne Bewertung	Corporate gewichte Punkte
3. Benutzeroberfläche/ Bedienerfreundlichkeit	21									
einheitliche Benutzeroberfläche		16		3,4	1	3,4	1	3,4	1	3
anschauliche Darstellung der Daten		14		3,0	1	3,0	1	3,0	1	3
Graphische Darstellungen		13		2,7	1	2,7	1	2,7	1	2
Hilfefunktion:		13								
Kontexthilfe			40	1,1	1	1,1	1	1,1	1	1
Weiterverzweigung der Hilfefunktion			20	0,6	0	0,0	1	0,6	1	0
Index			40	1,1	1	1,1	1	1,1	1	1
Lernhilfen		12		2,6	1	2,6	0	0,0	1	2
Assistentengestützte Benutzerführung		14	100	2,9	0	0,0	0	0,0	0	0
Fehlermeldungen:		17				0,0		0,0		0
Anzeige der Fehlermeldungen			50	1,8	1	1,8	1	1,8	1	1
Ursache des Fehlers			30	1,1	1	1,1	0	0,0	1	1
Hinweise zur Fehlerbehebung			20	0,7	0	0,0	0	0,0	0	0
Zwischensumme Benutzeroberfläche und Bedienerfreundlichkeit	21			21,0		16,8		13,7		17

Kriterien / Bewertung	Gewicht 1	Gewicht 2	Gewicht 3	absol. Gew.	MIS ALEA Bewertung	MIS ALEA gewichtete Punkte	CONTROL IT 3.0 Bewertung	CONTROL IT 3.0 gewichtete Punkte	Corporate Planner Bewertung	Corporate gewichtete Punkte
4. Schnittstellen	25									
ASCII		30		7,5	1	7,5	1	7,5	1	7,5
ODBC (MS Office)		30		7,5	1	7,5	1	7,5	1	7,5
KHK		20		5,0	1	5,0	1	5,0	1	5,0
Datev		20		5,0	1	5,0	1	5,0	1	5,0
Zwischensumme Integration	25			25,0		25,0		25,0		25,0
5. Internet Anbindung	16									
netzfähig mit TCP/IP		25		4,0	0	0,0	0	0,0	0	0,0
Speicherung Reports im HTML Format		25		4,0	0	0,0	0	0,0	1	4,0
möglich mit Zusatzmodul		50		8,0	1	8,0	0	0,0	1	8,0
Zwischensumme Internet Anbindung				16,0		8,0		0,0		12,0

7.4.3 Bewertung der anbieterbezogenen Kriterien

Kriterien / Produkt[95]	MIS ALEA	CONTROL IT!	Corporate Planner
A. Zuverlässigkeit			
Anzahl Installationen (weltweit)	6.500	2.000	640
Erstinstallation	1997	1997	1993
Referenzliste	ja	ja	ja
Firmensicherheit Umsatz 1998	28.700 TDM	3.000 TDM	keine Angaben
B. Qualifikation und Unterstützung			
Anzahl Mitarbeiter	30 Mitarbeiter (Potsdam) >100 MA am Hauptsitz in Darmstadt	21 Mitarbeiter (1999)	30 Mitarbeiter
Anzahl der Servicepersonen	5 Support (Potsdam)	3 Mitarbeiter Support 3 Mitarbeiter Verwaltung	10 Support
C. Zusatzleistungen			
Branchenkenntnisse	ja	nein	nein
Entfernung (geographische Verfügbarkeit) Hauptsitz Zweigniederlassung	Dortmund Potsdam	Köln	Hamburg
Schulungsmöglichkeit Schulungsort	ja Berlin/ Potsdam	ja bestimmte Termine in Berlin	ja Hamburg Berlin

---

[95] Quellen: ISIS PC- Report, (2-1998) und Herstellerangaben

Kriterien / Bewertung	Rel. Gewichtung in Prozent			absol. Gew.	MIS ALEA		CONTROL IT!		Corporate Planner	
Anbieterbezogene Kriterien	Gewicht 1	Gewicht 2	Gewicht 3		Bewertung	gewichtete Punkte	Bewertung	gewichtete Punkte	Bewertung	gewichtete Punkte
A. Zuverlässigkeit	24									
Anzahl Installationen (weltweit)		5		1,2	3	3,6	2	2,4	1	1,2
Erstinstallation		1,5		0,4	1	0,4	1	0,4	2	0,8
Referenzliste		3,5		0,8	3	2,4	1	0,8	2	1,6
Zwischensumme						*6,4*		*3,6*		*3,6*
B. Qualifikation und Unterstützung	21									
Firmensicherheit und Größe		4		0,8	3	2,4	2	1,6	2	1,6
Anzahl der Servicepersonen		6		1,3	3	3,9	2	2,6	3	3,9
Zwischensumme						*6,3*		*4,2*		*5,5*
C. Zusatzleistungen	22									
Branchenkenntnisse		2		0,4	3	1,2	1	0,4	1	0,4
Entfernung (geographische Verfügbarkeit)		2		0,4	3	1,2	1	0,4	1	0,4
Schulungsmöglichkeit Schulungsort		2		0,4	3	1,2	2	0,8	2	0,8
Wartung		1		0,2	2	0,4	2	0,4	2	0,4
Hot-Line Service, Support		2		0,4	2	0,8	3	1,2	2	0,8
Serviceleistungen		1		0,2	2	0,4	1	0,2	1	0,2
Zwischensumme Zusatzleistungen						*5,2*		*3,4*		*3,0*
D. Qualität der Dokumentation:	14									
Benutzerhandbuch		3		0,4	0	0,0	0	0,0	3	1,2
Programmdokumentation		4		0,6	3	1,8	3	1,8	3	1,8
Aktualisierung bei Updates		3		0,4	3	1,2	3	1,2	3	1,2
Zwischensumme						*3,0*		*3,0*		*4,2*
E. Zukunftsorientierung und Weiterentwicklung	19	10		1,9	3	5,7	2	3,8	3	5,7
Summe Anbieterbezogenen Kriterien	100	50		9,8		26,6		18,0		22,0

1.1

7.5 Systemkosten

Eine genaue Abwägung der Kosten gestaltet sich in der Praxis meist relativ schwierig. Die untersuchten Systeme sind unterschiedlich ausgestattet. Dementsprechend variieren die Kosten, die von Aspekten wie Nutzeranzahl, Anzahl der Lizenzen, Nutzungsdauer, Anzahl und Umfang der eingesetzten Module und Komplexität des Programmes abhängig sind. Das Volumen der Anschaffungskosten läßt sich noch relativ einfach bestimmen. Komplizierter dagegen ist die Abschätzung der Einführungskosten. Hierzu zählen vor allem Kosten für Schulung, Beratung, die Erstellung eines Prototyps, die Installation und die Schnittstelleneinrichtung. In manchen Fällen können die

Einführungskosten die Anschaffungskosten übersteigen. Die einmaligen Kosten setzten sich aus folgenden Komponenten zusammen:[96]

- Anschaffungspreis der Software (gegebenenfalls als Abschreibung)
- Kosten für zusätzliche Hardware
- Schulungskosten und Kosten Beratungsverträge
- Implementierungskosten: darunter fallen Kosten für die Anpassung der Software an das Unternehmen, Installations- und Integrationskosten
- Kosten der Konzeptionsphase
- Personalkosten für Fehler und Verzögerungen bei der Umstellung und Einführung sowie die erstmalige Stammdatenerfassung.

Generell ist festzustellen, daß sich die notwendigen Investitionen mit abnehmenden Strukturierungsgrad und zunehmender Komplexität erhöhen.[97] In der Spitze erfordern zwei Prozent mehr Funktionalität fünfzehn bis zwanzig Prozent höhere Einführungs- und Folgekosten.[98] Höhere Preise deuten auf umfangreichere Funktionalitäten und höhere Leistungsfähigkeit der Software hin. Eindeutig kausal ist dieser Zusammenhang jedoch nicht.

In den nachfolgenden Tabellen sind die ermittelten Kosten aufgelistet. Die Nettopreise wurden den Preislisten und Angeboten der Anbieter entnommen.

Investitionskosten

Kriterien / Produkt	MIS ALEA	CONTROL IT! (Version 3.0)	Corporate Planner
Anschaffungspreis/ Einfachlizenz	1.950 DM	2.500 DM	9.900 DM bei 2 Jahre Planungszeitraum
Netzwerklizenz für 5 User	15.900 DM	13.100 DM	24.900 DM
Beratungskosten (Tagessatz)	2.200	2.400 DM	2.200 DM
Anpassung der Software an Unternehmen, Schnittstelleneinrichtung, Installation	15.400 DM (7 Tage)	2.400 DM (1 Tag) nach Auskunft des Herstellers ist ein Tag ausreichend, da vordefinierte Schnittstellen zu KHK/ Datev	13.200 DM (6 Tage)
Aufwendungen für Dokumentation der Software	keine	keine	keine
Kosten für zusätzliche Hardware	keine	keine	keine
Investitions- und Anpassungskosten	31.300,00 DM	15.500,00 DM	38.100,00 DM

---

[96] Vgl. Klett, C. (1997), S. 1038.
[97] Vgl. Carl N./ Fiedler R., u.a., S. 66 f.
[98] Vgl. http://www.navision.de/press, Auszug aus Presseveröffentlichung in IT.SERVICES 5/99, S. 22-28.

Das günstigste Produkt ist Control It!. Hierbei ist jedoch zu berücksichtigen, daß der Hersteller für die Anpassung der Software an das Unternehmen nur einen Tag empfiehlt, während die anderen Anbieter 6 bis 7 Tage veranschlagen.

Schulungskosten

Die Schulungsdauer ist idealtypisch bietet aber einen Anhaltspunkt bei der Kostenkalkulation. Für die Anwender der Software reichen nach Meinung der befragten Software- Anbieter zwei Tage Schulung aus. Es gibt zwei unterschiedliche Preismodelle: Preis pro geschulte Person oder Preis pro Gruppenschulung bzw. Tageshonorar für den Dozenten. Die Preise für einen Schulungstag pro Anwender haben eine Schwankungsbreite von 490 DM /Person (Corporate Planner) bis 1.100 DM/ Tag (Control It). Der Anbieter MIS bietet nur Gruppenschulungen an, mit einer maximalen Gruppengröße von 12 Personen. Da für das Beispielunternehmen Schulung für zwei Personen ausreicht, ist Corporate Planning in diesem Fall der günstigste Anbieter. Kaum zu vergleichen sind auch die Schulungsleistung, beispielsweise werden nicht von allen Herstellern Schulungsunterlagen zur Verfügung gestellt.

Schulungskosten (Nettopreise)

Kriterien / Produkt	MIS ALEA	CONTROL IT! (Version 3.0)	Corporate Planner
Aufwand für Schulungen Preismodell 1: (Tagessatz/ Gruppenschulung)	Individualschulung: 3.200 DM / Tag		Einzelschulung: 2.500 - 3.500 DM /Tag
Aufwand für Schulungen Preismodell 2: Preis pro geschulte Person/ Tag		1.100 DM	Gruppenschulung (nur in Hamburg): 490 DM/ Person ab 2. Person 290 DM
empfohlener durchschnittlicher Schulungsaufwand	2 Tage	2 Tage	2 Tage
Schulungsaufwand für 2 Personen	6.400 DM (bis zu 12 Personen)	4.400,00 DM	1.560 DM in Hamburg 3.000 DM in Berlin
Fahrtkosten/ Entfernung	keine, da Firmensitz Berlin/ Potsdam	keine, da Schulung zu bestimmten Terminen in Berlin	Reisekosten (Hamburg)
Summe der Einmalkosten (Anschaffungs- und Schulungskosten):	37.700,00 DM	19.900,00 DM	41.100,00 DM

Support

Neben der einmaligen Investition für die Anschaffung und Einführung sind auch die laufenden Kosten für Systemerhaltung und -betrieb zu berücksichtigen. Hierzu zählen Aufwendungen für Hotline- Service, Wartung und Updates sowie Personalkosten für die Systembetreuung im Unternehmen. Eine Hotline für Probleme mit der Anwendung wird von allen untersuchten Anbietern als kostenpflichtige Leistung angeboten. Mit Ausnahme von Control IT! wird die Hotline pauschal über einen bestimmten Zeitraum, das heißt unabhängig vom Bedarf, angeboten. Bei vielen Anbietern werden die

Gebühren als prozentualer Anteil der Lizenzkosten berechnet; teilweise werden noch unterschiedliche Supportstufen angeboten. Nur Control IT! bietet auch eine Hotline abhängig von der tatsächlichen Nutzung an.

Zu unterscheiden vom Support über Hotline ist der Wartungsvertrag. Dieser beinhaltet die Lieferung der Updates. Bei den meisten Anbietern wird Hotline und Wartungsvertrag gemeinsam angeboten, die Firma MIS bietet jedoch die beiden Leistungen getrennt an.

Laufende Kosten für Hotline und Wartung

Kriterien / Produkt	MIS ALEA	CONTROL IT! (Version 3.0)	Corporate Planner
jährliche Kosten für Hotline- und Service-Wartungsverträge (Netzwerk 5 User)	3.247,50 DM Wartung + 2.165,00 DM Hotline = 5.412,50 DM jährlich	gebührenpflichtige Hotline 1 Einheit 2 sec. oder 2.358 DM jährlich für Hotline und Wartungsvertrag (jährl. 18% der Lizenzkosten)	3.735 DM monatlich 1,25% der Lizenzkosten
Aufwendungen für Updates	kostenlose Updates bei Abschluß des Wartungsvertrages	50% Bonus	kostenlose Updates bei Abschluß des Wartungsvertrages

Zur Beurteilung der Wirtschaftlichkeit muß den Kosten der Nutzen der eingesetzten Software gegenübergestellt werden. Der Nutzen von Software läßt sich aber kaum quantifizieren.[99] Durch die Preisübersicht kann noch keine Aussage über die Leistung gemacht werden. Jedoch nur mit Preisinformationen lassen sich Funktionalität und Leistung vergleichen.

Kostenübersicht

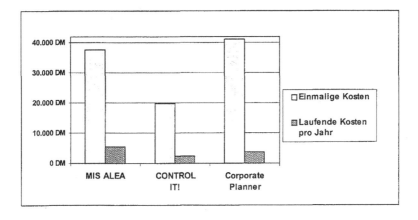

---

[99] Vgl. Müller, J. (1991), S. 75; Brenner, W. (1990), S. 18.

48

7.6 Ergebnis der Beurteilung

Die rechnerischen Ergebnisse der Bewertung können nachfolgenden Tabellen entnommen werden.

fachliche Hauptkriterien	MIS ALEA	CONTROL IT!	Corporate Planner
1 Planungsmöglichkeiten	17,0	14,6	16,6
2 Abweichungsanalyse	10,4	8,2	15,0
3 Erfolgsrechnung	18,0	18,0	18,0
4 Kennzahlen	6,3	3,7	12,0
5 Berichtswesen	16,8	17,4	14,7
6 Fördermittelabrechnung	20,2	6,1	10,7
Summe	88,7	68,0	86,9

systemtechnische Hauptkriterien	MIS ALEA	CONTROL IT 3.0	Corporate Planner
1 Flexibilität und Modularität	17,0	13,3	17,0
2 Datenschutz und Datensicherung	14,1	14,1	18,1
3 Benutzeroberfläche und Bedienerfreundlichkeit	16,8	13,7	17,4
4 Integration	25,0	25,0	25,0
5 Internet Anbindung	8,0	0,0	12,0
Summe	80,9	66,1	89,4

anbieterbezogene Hauptkriterien	MIS ALEA	CONTROL IT 3.0	Corporate Planner
1 Zuverlässigkeit	6,4	3,6	3,6
2 Qualifikation und Unterstützung	6,3	4,2	5,5
3 Zusatzleistungen	5,2	3,4	3,0
4 Qualität der Dokumentation	3,0	3,0	4,2
5 Zukunftsorientierung und Weiterentwicklung	5,7	3,8	5,7
	26,6	18,0	22,0

Gesamtbeurteilung der Produkte

In folgender Graphik werden die Ergebnisse der Beurteilung übersichtlich zusammengefaßt.

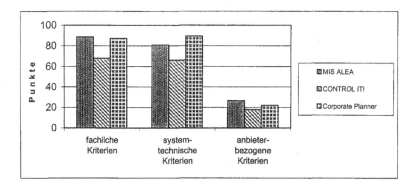

Beurteilung der fachlichen Kriterien

Da die betriebswirtschaftliche Funktionalität für die Beurteilung der Produkte von großer Bedeutung ist werden die Kriterien graphisch dargestellt.

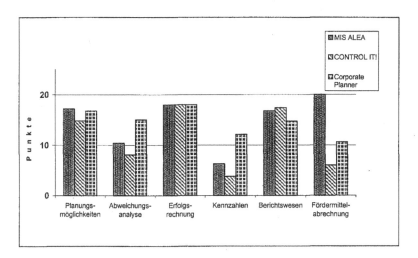

7.7 Abschliessende Beurteilung

Ziel ist es nun eine Entscheidungsgrundlage aufgrund der ermittelten Stärken und Schwächen zu liefern, um die am besten geeignete Softwarelösung zu finden.

7.7.1 Control It!

Stärken

- Die Stärke dieses Produktes liegt in der direkten Systemanbindung mit Sage KHK und Datev. Beide Systeme werden für Lohn- und Gehaltsabrechnung, Buchhaltung und Kostenrechnung im untersuchten Unternehmen eingesetzt. Dieser Faktor bewirkt nicht nur, daß der Anpassungsaufwand relativ gering ausfällt, da Schnittstellen bereits standardmäßig definiert sind, sondern gewährleistet auch die Zukunftsfähigkeit und Kompatibilität der Systeme. Bei Updates kann man davon ausgehen, daß die Veränderungen aufeinander abgestimmt sind, da die Firmen miteinander kooperieren.
- Das System ist leicht erlernbar und erfordert eine relativ geringe Einarbeitungszeit.
- Es besteht die Möglichkeit, die Hotline nicht nur pauschal über einen Zeitraum, also bedarfsunabhängig zu vereinbaren, sondern eine Bezahlung des Support ist auch nur bei Inanspruchnahme nötig.
- Das Produkt ist mit zirka 20.000 DM einmaligen Kosten für Anschaffung, Anpassung und Einführungsschulung am preisgünstigsten, obwohl die Schulungskosten mit 1.100 DM/ Person/ Tag am teuersten sind. Diese Leistung erscheint zu teuer, hier bieten sich noch Verhandlungsmöglichkeiten an, um die Einführungsschulung preiswerter zu erhalten.

Schwächen

- Eine Schwäche ist von Control-It! ist der geringe Funktionsumfang im Vergleich zu den beiden anderen untersuchten Produkten. Besonders der geringe Erfüllungsgrad in der Fördermittelabrechnung wirkt sich negativ auf die Gesamtbeurteilung aus. Bisher ist auch noch keine Internetanbindung möglich.
- Die neuer Version 3.0 des Programmes ist erst relativ neu auf dem Markt. Bei den Tests hat sich gezeigt, daß das Produkt teilweise noch unausgereift ist, die "Kinderkrankheiten" der Software sind noch nicht vollständig behoben.
- Auftretende Probleme können aufgrund der räumlichen Entfernung (Köln) nur langsam und teuer beseitigt werden, und die Betreuungsintensität ist entsprechend gering.

7.7.2 COBES/ MIS Alea

Stärken

- Die fachlichen Kriterien werden in einem hohen Maß erfüllt. Die Anforderung an die gesuchte Software, auch die Aufgabe der Fördermittelabrechnung zu bewältigen, wird bisher nicht als Standardlösung angeboten. Für dieses Problem wird von

MIS eine individuelle Lösung angeboten, die auch bereits bei einem Kunden in Betrieb ist. Dieser Anforderung werden die anderen untersuchten Systeme kaum gerecht. Zu dem Referenzkunden der gleichen Branche wurde auch Kontakt aufgenommen. Die Beurteilung fiel positiv aus.

- MIS hat Branchenkenntnisse über Gesellschaften für Beschäftigung und Qualifizierung. Erfahrungen in der Kombination von operativen Controlling- Konzepten mit der zuwendungsrechtlich bedingten Verwendungsnachweisführung wirkt sich vorteilhaft auf die Beurteilung des Anbieters aus.
- Die räumliche Verfügbarkeit ist günstig, durch die Standortnähe ist die Betreuung intensiver und kostengünstiger.

Schwächen

- Das Produkt hat einen hohen Anteil an individuellen Entwicklungen. Das Programm enthält Standardmodule und speziell für das Unternehmen entwickelte Programmteile, die bisher noch nicht oder wenig erprobt sind.
- Bei den laufenden Kosten für Hotline und Wartungsvertrag ist MIS in diesem Punkt der teuerste Anbieter.

7.7.3 Corporate Planner

Stärken

- Auffallend im Vergleich zu den anderen Produkten ist die hohe Funktionalität. Dies zeigt sich beispielsweise in den anspruchsvolle Auswertungen, die in einem geschlossenen System eine optimale Koordination ermöglichen.
- Von dem Anbieter ist ein hohes Maß an Zuverlässigkeit durch langjährige praktische Erfahrung zu erwarten. Dieser Umstand läßt auch auf ein ausgereiftes Produkt schließen.
- Durch das Zusatzprogramm "Strategic Planner" ist eine Schnittstelle zu strategischem Controlling geschaffen, wodurch eine Erweiterung innerhalb des gleichen Systems möglich wird.

Schwächen

- Wie bereits erwähnt stellt die Firma keine Demonstrationsversion zur Verfügung. Aus diesem Grunde konnte die Software nicht in dem Umfang getestet werden wie die anderen untersuchten Produkte. Falls die Auswahl aufgrund der hohen Funktionalität und der langen praktischen Bewährung auf dieses Produkt fallen sollte, sind intensivere Untersuchungen notwendig.
- Das Programm weist einen schlechten Erfüllungsgrad bei der Unterstützung der Fördermittelabrechnung auf.

- Mit über 41.000 DM Einmalkosten ist "Corporate Planner" das teuerste der untersuchten Produkte in der Anschaffung.
- Durch die räumliche Entfernung (Hamburg) ist eine weniger intensive Betreuung zu erwarten und durch die anfallenden Reisekosten auch hohe laufende Kosten.

Die Entscheidung über den Kauf eines bestimmten Produktes ist zum Zeitpunkt der Abgabe dieser Arbeit im Unternehmen noch nicht gefallen. Problematisch bei der Auswahlentscheidung sind die Unsicherheiten durch fehlende Informationen und damit verbundene Risiken. Bei der Entscheidung kann nicht von vollkommener Information ausgegangen werden. Ein gewisser Grad an subjektiven Faktoren wird die Entscheidung immer beeinflussen. Abweichungen vom formalen objektiven Entscheidungskriterien sollten jedoch dokumentiert werden.

Aus objektiver Betrachtung sollte die Auswahlentscheidung nicht nur über das Preisgefüge getroffen werden. Im Mittelpunkt der Kaufentscheidung wird die betriebswirtschaftliche Funktionalität der Software begleitet von Kosten- Nutzen- Überlegungen stehen. Dem Erfüllungsgrad der gewünschten fachlichen Anforderungen kommt somit besondere Bedeutung zu.

Control IT! scheint besonders für kleine Unternehmen geeignet, das Programm weist für diese Unternehmensgröße ein gutes Preis- Leistungsverhältnis aus. Für das untersuchte Unternehmen ist diese Software nur bedingt geeignet, da für die Anforderung der Fördermittelabrechnung und Projektverwaltung eine weitere Softwarelösung eingesetzt werden müßte.

Corporate Planner erfüllt die Anforderung als integrierte Gesamtlösung weitgehend. Das Produkt ist für den Einsatz als umfassendes Controlling - Werkzeug in besonderem Maße empfehlenswert. Jedoch weist auch diese Software Schwächen im Bereich der Fördermittelabrechnung aus.

Eine erfolgreiche Einführung der Controlling- Software scheint nach heutigem Kenntnisstand mit allen drei Produkten möglich, wobei die beste Integration von COBES (MIS Alea) zu erwarten ist. Diese Softwarelösung erfüllt auch die branchenspezifischen fachlichen Anforderungen des untersuchten Unternehmens in hohem Maße. Zudem sind hohe Flexibilität und diverse Weiterentwicklungsmöglichkeiten für den Anwender festzustellen.

8 Schlussbetrachtung

Ziel dieser Arbeit war einerseits eine geeignete Softwarelösung für das untersuchte Unternehmen auszuwählen. In diesem dynamischer Markt ergeben sich schnell Veränderungen und Weiterentwicklungen der einzelnen Software- Lösungen, so daß die Bewertung und Auswahl der Produkte nur vorübergehend Aktualität besitzen wird. Andererseits wurde auch ein pragmatischer Lösungsweg für die Auswahl und Bewertung von Controlling- Software erarbeitet. Dieses Prozesses wird auch über längere Zeit Gültigkeit besitzen.

Die Auswahl der Software für operatives Controlling brachte folgende Probleme mit sich:

Nach Angaben der Hersteller können fast immer alle Anforderungen mit der angebotenen Software erfüllt werden, der tatsächliche Eignungsgrad zeigt sich aber oft erst in der Einführungsphase, also zu einem Zeitpunkt, an dem die Entscheidung bereits gefallen ist. Um die Controlling- Software anhand des Kriterienkatalogs qualifiziert zu bewerten, scheint es unerläßlich die Mitarbeiter zu schulen. Die Schulung führt jedoch zu höheren Kosten bereits in der Auswahlphase, die besonders bei kleineren und mittleren Unternehmen die Budgets stark belasten.

Grundlage des operativen Controlling ist eine entscheidungsorientierte Kostenrechnung, die im untersuchten Unternehmen erst zu Beginn des Jahres eingeführt wurde. Dementsprechend waren die wesentlichen Controlling- Instrumente, wie z. B. Budgetierung, Soll- Ist- Vergleiche etc, auch erst im Aufbau. Diese Tatsache erschwerte die konkrete Festlegung und Gewichtung der Kriterien, da auch zukünftige Anforderungen berücksichtigt werden mußten.

Viele der derzeit verfügbaren Systeme decken nur Teilbereiche ab, vor allem die notwendige Integration von Erfolgs- und Finanzcontrolling wird vernachlässigt. Schnittstellen zu strategischen Controlling sind erst im Aufbau und bisher nicht komfortabel.

Der Einsatz von Controlling- Software erfordert intensive Auseinandersetzung mit der Organisation, den Strukturen und den Arbeitsabläufen. Er bietet auch Anlaß sich mit dem Controllingsystem intensiv zu beschäftigen und Verbesserungen herbeizuführen. Die Einführung einer Controlling- Software bietet auch die Chance das betriebswirtschaftliche Know-How zu erhöhen.

Die Veränderungen auf dem Hard- und Softwaremarkt werden auch weiterhin Auswirkungen auf das Controlling haben. In der Zukunft werden zunehmend Expertensysteme, vor allem auf den Gebieten des Soll- Ist- Vergleiches, der Ursachenanalyse und als Früherkennungssysteme eingesetzt.

Durch diese Entwicklungen wird sich auch zunehmend das Berufsbild des Controllers verändern. Er/ Sie muß innovativ die neuen Technologien zur Problemlösung einsetzen und wird zum "Informationsmanager" des Unternehmens.

Literaturverzeichnis

- **Achleitner, Herbert/ Hackl, Reinhard:** Methodenbeschreibung für ein Controllinginformationssystem, Linz 1992.

- **Becker, Jörg:** Modellierung und Speicherung aggregierter Daten als Basis für das Controlling, erschienen in **Scheer August-Wilhelm (Hrsg.):** Rechnungswesen und EDV. 14. Saarbrücker Arbeitstagung 1993, Heidelberg 1993.

- **Biethahn, Jörg/ Huch, Burkhard (Hrsg.):** Informationssysteme für das Controlling. Konzepte, Methoden und Instrumente zur Gestaltung von Controlling-Informationssystemen, 1. Auflage, Berlin 1994.

- **Biethahn, Jörg/ Mucksch, Harry/ Ruf, Walter:** Ganzheitliches Informationsmanagement. Band I: Grundlagen, 3. Auflage, München, Wien 1994.

- **Brenner, Walter:** Auswahl von Standardsoftware erschienen in **Österle, Hubert (Hrsg.):** Integrierte Standardsoftware: Entscheidungshilfen für den Einsatz von Softwarepaketen, Band 2: Auswahl, Einführung und Betrieb von Standardsoftware, München 1990.

- **Bundesministerium für Wirtschaft** (Hrsg.), Unternehmensgrößenstatistik 1992/93, Daten und Fakten, Studienreihe Nr. 80, Bonn 1993.

- **Carl, Notger/ Fiedler, Rudolf/ Kern, Christian/ Kessel, Thomas:** Untersuchung von Managementinformations- Systemen auf der Basis einer Anforderungsananlyse, Würzburg 1995.

- **Eschenbach, Rolf (Hrsg.):** Controlling- State of the Art. Entwicklungsstand und -perspektiven im Controlling, Wien 1995.

- **Eschenbach, Rolf/ Niedermayr Rita:** Controlling in der Literatur erschienen in **Eschenbach, Rolf (Hrsg.):** Controlling, 2. Auflage, Stuttgart 1996.

- **Fiedler, Rudolf:** Einführung in das Controlling. Methoden, Instrumente und DV-Unterstützung, München Wien 1998.

- **Frank, Joachim:** Standard-Software. Kriterien und Methoden zur Beurteilung und Auswahl von Software Produkten, 1. Auflage, Köln-Braunsfeld 1977.

- **Frey, Manfred:** Der Markt der Standardsoftware- Daten, Fakten, Trends, erschienen in **Österle, Hubert (Hrsg.):** Integrierte Standardsoftware: Entscheidungshilfen für den Einsatz von Softwarepaketen, Band 1: Managemententscheidungen, München 1990.

- **Gantenbein, Hans/ Zanga R.**: Aufgabenverteilung zwischen Fach- und Inforamtikabteilung bei Auswahl, Einsatz und Betrieb von Standardsoftware erschienen in: **Österle, Hubert (Hrsg.)**: Integrierte Standardsoftware: Entscheidungshilfen für den Einsatz von Softwarepaketen, Band 2: Auswahl, Einführung und Betrieb von Standardsoftware, München 1990.

- **Grupp, Bruno**: EDV- Pflichtenheft zur Hardware und Softwareauswahl. Anleitung für Mittel- und Kleinbetriebe, 2. Auflage, Köln 1991.

- **Grupp, Bruno**: Standard- Software richtig auswählen und einführen. Mit System zur kostengünstigen und umfassenden DV-Lösung, Wuppertal 1994.

- **Horváth, Peter/ Petsch, Manfred/ Weihe, Michael**: Standard-Anwendungssoftware für die Finanzbuchhaltung dund die Kosten- und Leistungsrechnung, München 1983.

- **Huch, Burkhard/ Behme, Wolfgang/ Schimmelpfeng, Katja (Hrsg.)**: Controlling und EDV. Konzepte und Methoden für die Unternehmenspraxis, Frankfurt 1992.

- **ISIS PC Report, Edition 2-1998**: NOMINA Ges. für Wirtschafts- und Verwaltungsregister mbH, Hansastr. 28, 80686 München, Tel. 089/ 57831-111 1998/2.

- **Kirsch, Werner/ Börsig, Clemens/ Englert, Gerhard**: Standardisierte Anwendungssoftware in der Praxis. Empirische Grundlagen für Gestaltung und Vertrieb, Beschaffung und Einsatz, Berlin 1979.

- **Klapper, Rainer.**: Musterpflichtenheft Controlling. Arbeitshilfe für die Softwareauswahl im Rechnungswesen, Köln 1991.

- **Klenger, Franz**: Operatives Controlling, 3. Auflage, München Wien 1994.

- **Klett, Christian/ Pivernetz, Michael/ Hauke, Dirk**: Controlling- Praxis für kleine und mitlere Unternehmen, Berlin 1996.

- **Kosmider, Andreas**: Controlling im Mittelstand. Eine Untersuchung der Gestaltung und Anwendung des Controllings in mittelständischen Industrieunternehmen, 2. Auflage, Stuttgart 1994.

- **Lachnit, Laurenz**: Controllingsysteme für ein PC-gestütztes Erfolgs- und Finanzmanagement, München 1992.

- **Lachnit, Laurenz**: EDV-gestützte Unternehmensführung in mittelständischen Betrieben. Controllingsysteme zur integrierten Erfolgs- und Finanzlenkung auf operativer und strategischer Basis, München 1989.

- **Männel, Wolfgang (Hrsg.)**: PC- gestützte Kostenrechnung. Konzepte und Lösungen, Wiesbaden 1991.

- **Männel, Wolfgang/ Warnick, Bernd**: PC- gestützte operative Controlling-Anwendungen - Chancen und Probleme, erschienen in **Risak, J./ Deyle, A. (Hrsg.)**: Controlling: State of the art und Entwicklungstendenzen, 2. Auflage, Wiesbaden 1992.

- **Mertens, Peter/ Griese, Joachim**: Integrierte Informationsverarbeitung 2, Planungs- und Konstrollsysteme in der Industrie, 7. aktualisierte und überarbeitete Auflage, Wiesbaden, 1993.

- **Mertens, Peter**: Integrierte Informationsverarbeitung 1, Administrations- und Dispositionssysteme in der Industrie, 10. neubearbeitete Auflage, Wiesbaden, 1995.

- **Mueller, Juergen**: Controlling- Standardsoftware. Anforderungen, Auwwahl, Implementierung, Schriften des Österreichischen Controllerinstituts, Band 8, Wien 1991.

- **Niedermayr Rita**: Die Realität des Controlling erschienen in **Eschenbach, Rolf (Hrsg.)**: Controlling, 2. Auflage, Stuttgart 1996.

- **Oecking, Georg F./ Wullenkord, Axwl**: Anforderungen an die Systemarchitektur von Rechnungswesen und Controlling erschienen in **Reichmann, Thomas (Hrsg.)**: DV-gestütztes Unternehmens-Controlling. Internationale Trends und Entwicklungen in Theorie und Praxis, München 1993.

- **Preißler, Peter**: Controlling in mittelständischen Unternehmen, erschienen in **Risak, J./ Deyle, A. (Hrsg.)**: Controlling: State of the art und Entwicklungstendenzen, 2. Auflage, Wiesbaden 1992.

- **Reichmann, Thomas**: Controlling mit Kennzahlen und Managementberichten, 4. Auflage, München 1995.

- **Scheer, August-Wilhelm (Hrsg.)**: Rechnungswesen und EDV. 14. Saarbrücker Arbeitstagung 1993, Heidelberg 1993.

- **Scheer, August-Wilhelm**: Wirtschaftsinformatik. Informationssysteme im Industriebetrieb, 3. Auflage, Berlin Heidelberg 1990.

- **Softwareführer 98**, Profi-Edition: Rossipaul Kommunikation GmbH, Postfach 380164, 80614 München, Tel. 089/ 179106-0.

- **Tödtli, Bruno**: Technische Kriterien bei der Auswahl und der Einführung von Standardsoftware erschienen in: **Österle, Hubert (Hrsg.)**: Integrierte Standardsoftware: Entscheidungshilfen für den Einsatz von Softwarepaketen, Band 2: Auswahl, Einführung und Betrieb von Standardsoftware, München 1990.

- **Winkelhofer, Georg A.**: Methoden für Management und Projekte. Ein Arbeitsbuch für Unternehmensentwicklung, Organisation und EDV, Berlin Heidelberg 1997.

- **Zahrnt, Christoph:** Absicherung von Verträgen über Standardanwendungssoftware, erschienen in: **Österle, Hubert (Hrsg.):** Integrierte Standardsoftware: Entscheidungshilfen für den Einsatz von Softwarepaketen, Band 2: Auswahl, Einführung und Betrieb von Standardsoftware, München 1990.

Aufsätze in Zeitschriften:

- **Buxmann, Peter/ König, Wolfgang:** Empirische Ergebnisse zum Einsatz der betrieblichen Standardsoftware SAP R/3, Wirtschaftsinformatik 4/1997, S. 331-337.

- **Jahnke, Bernd/ Groffmann, Hans- Dieter/ Kruppa, Stefan:** On-Line Analytical Processing (OLAP), Wirtschaftsinformatik 38 (1996) 2, S. 321-324.

- **Jaus, Ralph:** Umsetzungsprobleme von Controlling- Konzepten in Non- Profit-Organisationen, Kostenrechnungspraxis 4/90, S. 242-244.

- **Klenger, Franz:** Controller und Case? in Kostenrechnungspraxis 1/93 (krp), S. 33-38.

- **Klett, Christian/ Niehörster, Nils:** Auswahl kaufmännischer Software- Systeme in kleinen und mittleren Unternehmen in Buchführung, Bilanz, Kostenrechnung (BBK) Nr. 10, Betrieb und Rechnungswesen, Berlin 1997.

- **Schmidt, Peter:** Kosten- Controlling mit PC-orientiertem Controlling-Informationssystem im Bergbau, Controller- Magazin, 4/96, S. 216-219.

- **Tammena, Edzard:** "SAP" Macht oder Werkzeug?, Controller Magazin, 2/1997, S. 70-75.

Anhang 1

Regelwerk zur Beschreibung der OLAP Systemumgebung nach E.F. Codd:[1]

1. **Multidimensionale konzeptionelle Datensicht**
   Das System liefert eine mehrdimensionale Datensicht, welche die Datenmodellierung erleichtert und Berechnungen und Analysen unterstützt.

2. **Transparenz**
   ' Durch eine offene Architektur können in dem System alle relevanten Informationen transparent dargestellt werden. Die technische Umsetzung der OLAP- Funktionalität bleibt dem Benutzer vollständig verborgen.

3. **Zugriffsmöglichkeiten**
   Die offene Architektur des Systems bietet dem Anwender eine einheitliche und konsistente Sicht auf die Daten. Das OLAP- Werkzeug muß gewährleisten, daß diese Daten aus den operativen Systemen heraus bereitgestellt werden.

4. **Konsistente Leistungsfähigkeit**
   Das System muß stabile Antwortzeiten liefern, d.h. eine überproportionale Zunahme der Dimensionszahl oder des Datenvolumens hat keine signifikanten Auswirkungen auf die Antwortzeiten.

5. **Client-Server-Architektur**
   Das System bietet alle Möglichkeiten, verteilt vorliegende Daten zu integrieren und zu aggregieren, und unterstützt somit echte eine Client-Server-Architektur in all ihren Ausprägungen.

6. **Grundprinzipien der Dimensionen**
   Zu diesen Grundprinzipien gehört neben der Gleichberechtigung auch die Einheitlichkeit der Struktur und der Verwendungsmöglichkeiten.

7. **Dynamische Handhabung der Matrix-Lücken**
   Das System muß die für große Matrizen typischen Lücken effizient handhaben können, ohne die mehrdimensionale Datenmanipulation einzuschränken.

8. **Multi-User-Unterstützung**
   Das System muß den gleichzeitigen Zugriff mehrerer Benutzer auf alle Daten ermöglichen und dem Administrator geeignete Möglichkeiten zur Unterstützung seines Sicherheitskonzepts an die Hand geben. Der Datenzugriff sollte über Zugriffsrechte bis auf die einzelne Zelle möglich sein.

9. **Uneingeschränkte Operationen**
   Das System erlaubt die Kalkulation einer Variablen über alle Zellen hinweg. Berechnungen erfolgen nicht nur innerhalb einer Dimension, sondern es werden oft mehrere Dimensionen einbezogen. Solche Berechnungsvorschriften sind in der OLAP Datenbasis festzuhalten.

10. **Intuitive Datenmanipulation**
    Das System muß über eine ergonomische Oberfläche und Navigation verfügen, um ein intuitives Arbeiten zu ermöglichen.

11. **Flexibles Berichtswesen**
    Das System ermöglicht dynamische Berichte und Grafiken. Dazu gehören u. a. Drill-Down-Möglichkeiten. Beliebige Ausschnitte aus der Datenbasis müssen abgefragt und gegenübergestellt werden können.

12. **Unbegrenzte Dimensions- und Aggregationsstufen**
    Das System erlaubt eine unbegrenzte Anzahl an Dimensionen, Relationen und Variablen innerhalb einer mehrdimensionalen Datenbank. Desweiteren sind unbegrenzte hierarchische und relationale Verdichtungen möglich. Dies ist für eine möglichst strukturgleiche Abbildung betriebswirtschaftlicher Sachverhalte erforderlich.

---

[1] aus Jahnke, B./ Groffmann, H.-D./ Kruppa, S., in Wirtschaftsinformatik 38 (1996), S. 323.

Anhang 2   Kostenstellenstruktur Anonymous gGmbH:

Bauhandwerk
- Bauhaupt
- Trockenbau
- Tischler
- Schlosser
- Maler

Ökolog. Gebäudetechnik
- Planung
- Heizung / Sanitär
- Elektro

- Eco PC Berlin
- Eco PC Frankfurt/ Oder
- Jugendmaßnahmen
- Ausbildung

- Akanthus
- Kulturwerk Oberschöneweide
- Kulturhaus Palisadenstr.
- Catering
- Obdachlosenbetreuung

- Abfallmanagement
- Beratung KMU
- Öko Audit
- Messen

- Quartiersmanagement
- City-Management Köpenick
- EFRE

- Finanzbuchhaltung
- Kostenrechnung
- Fördermittelabrechnung
- Personalwesen
- Finanzierung
- Fördermittelabrechnung

- Nationale Projekte
- EU- Projekte
- Sonst. Akquise

Anhang 3: Gewichtung der fachlichen Teilkriterien

Kriterium Planung	KRITERIEN Nr.				Summe (Punkte absolut)	Gewicht in % (relativ)
	A	B	C	D		
A Erfassung der Plandaten		5	5	6	16	27
B Automatische Koordination	5		5	6	16	27
C Freie Zeitraumwahl	5	5		6	16	27
D Planungsmöglichkeiten	4	4	4		12	20
Summe					60	100

Kriterium Abweichungsananlyse	KRITERIEN Nr.				Summe (Punkte absolut)	Gewicht in % (relativ)
	A	B	C	D		
A Abweichungstoleranzen		6	5	3	14	23
B Einsatzmöglichkeit	4		5	4	13	22
C Differenzierung der Abweichung	5	5		5	15	25
D Darstellung der Abweichung	7	6	5		18	30
Summe					60	100

Kriterium Erfolgsrechnung	KRITERIEN Nr.		Summe (Punkte absolut)	Gewicht in % (relativ)
	A	B		
A Freie Defintion der Zeilen		4	4	40
B Bildung der Deckungsbeiträge aus unterschiedlichen Blickwinkeln	6		6	60
Summe			10	100

Kriterium Kennzahlen	KRITERIEN Nr.				Summe (Punkte absolut)	Gewicht in % (relativ)
	A	B	C	D		
A Definition von Kennzahlen		7	6	6	19	32
B Dokumentation der Berechnung	3		5	6	14	23
C Darstellung im Zeitverlauf	4	5		6	15	25
D Kennzahlensysteme	4	4	4		12	20
Summe					60	100

Kriterium Berichtswesen	KRITERIEN Nr.			Summe (Punkte absolut)	Gewicht in % (relativ)
	A	B	C		
A Darstellungsform		4	6	10	33
B Berichtsgenerator	6		5	11	37
C Adressatenkreis	4	5		9	30
Summe				30	100

Kriterium Fördermittelabrechnung	KRITERIEN Nr.			Summe (Punkte absolut)	Gewicht in % (relativ)
	A	B	C		
A Auswertung der Finanzierungsart		4	4	6	14	23
B Berücksichtigung unterschiedlicher Förderarten	6		5	7	18	30
C Budgetüberwachung	6	5		6	17	29
D Einfache Gestaltung und Veränderung von Berichten	4	3	4		11	18
Summe				60	100

Diplomarbeiten Agentur

Die Diplomarbeiten Agentur vermarktet seit 1996 erfolgreich
Wirtschaftsstudien, Diplomarbeiten, Magisterarbeiten, Dissertationen
und andere Studienabschlußarbeiten aller Fachbereiche und Hochschulen.

Seriosität, Professionalität und Exklusivität prägen unsere Leistungen:

- Kostenlose Aufnahme der Arbeiten in unser Lieferprogramm
- Faire Beteiligung an den Verkaufserlösen
- Autorinnen und Autoren können den Verkaufspreis selber festlegen
- Effizientes Marketing über viele Distributionskanäle
- Präsenz im Internet unter **http://www.diplom.de**
- Umfangreiches Angebot von mehreren tausend Arbeiten
- Großer Bekanntheitsgrad durch Fernsehen, Hörfunk und Printmedien

Setzen Sie sich mit uns in Verbindung:

***Diplomarbeiten* Agentur**
Dipl. Kfm. Dipl. Hdl. Björn Bedey —
Dipl. Wi.-Ing. Martin Haschke —
und Guido Meyer GbR —

Hermannstal 119 k —
22119 Hamburg —

Fon: 040 / 655 99 20 —
Fax: 040 / 655 99 222 —

agentur@diplom.de —
www.diplom.de —

www.ingramcontent.com/pod-product-compliance
Lightning Source LLC
La Vergne TN
LVHW092348060326
832902LV00008B/888